Franz-Olivier Giesbert

La dernière fois que j'ai rencontré Dieu

Gallimard

Franz-Olivier Giesbert est né en 1949, à Wilmington, dans le Delaware, aux États-Unis, d'un père américain et d'une mère française. Il arrive en France à l'âge de trois ans. Après avoir collaboré à la page littéraire de *Paris-Normandie*, il entre au *Nouvel Observateur* en 1971. Il devient successivement directeur de la rédaction du *Nouvel Observateur* (1985-1988) puis directeur de la rédaction du *Figaro* (1988-2000) et, enfin, directeur du *Point* (2000-2014) où il est actuellement éditorialiste.

Il a publié de nombreux romans dont *L'affreux* (Grand Prix du roman de l'Académie française 1992), *La souille* (prix Interallié 1995), *Un très grand amour, La cuisinière d'Himmler, L'arracheuse de dents, Belle d'amour, Le Schmock*, ainsi que des essais comme *La dernière fois que j'ai rencontré Dieu*, et des biographies : *François Mitterrand ou la tentation de l'histoire* (prix Aujourd'hui 1977), *Le président, François Mitterrand : Une vie, La tragédie du président* et *Chirac, une vie*.

*À mes enfants et à mes amis non croyants
qui ne savent pas ce qu'ils ratent*

Tout ce qui est triste me paraît suspect.

Dieu ne fait pas peur.

Se croire quelque chose est une grande ânerie.

Le grand péché du monde moderne, c'est le refus de l'invisible.

Heureux d'être. D'être quoi ? D'être, simplement.

L'idée que Dieu pût ne pas être ne m'a jamais seulement effleuré.

Les questions auxquelles on répond par oui ou par non sont rarement intéressantes.

Julien GREEN

Autant vous prévenir tout de suite : ceci n'est pas un ouvrage de théologie. Si c'est ce que vous attendez, débarrassez-vous-en sans tarder. J'ai un grand respect pour elle mais, à haute dose, il me semble qu'elle peut tuer la foi.

Or, mon sujet, c'est précisément la foi. La foi du charbonnier, celle qui vous donne un sourire stupide du lever au coucher, celle qui vous porte vers les autres, les fleurs, les enfants, les bêtes, celle qui ne s'apprend pas dans les livres. La foi qui est le petit nom de Dieu. Je récuse l'idée qu'à des questions simples, il faille des réponses compliquées.

L'existence de Dieu ne se prouve pas, elle ne se prouvera jamais. Elle se sent. De grâce, renversons la charge de la preuve. Quand les athées réclament aux croyants des preuves de l'existence de Dieu, pourquoi ces derniers ne leur répliquent-ils pas en leur demandant les preuves de son inexistence qui, jusqu'à nouvel ordre, n'a jamais été établie ?

Dieu est une chose trop importante pour être confiée aux religions. A fortiori, aux clercs, aux théologiens, à tous ceux que les musulmans appellent les « savants », qui ne le sont pas plus que je suis pape.

La foi est charnelle ou elle n'est pas. Elle s'attrape partout, à tous les coins de rue, sur les cimes, au bord de la mer, les lieux de culte, les culs de basse-fosse.

Pour aller à la rencontre de Dieu, il suffit de respirer, écouter le vent, regarder les blés frémir, le Gange couler, les veaux danser, les chèvres rire, l'herbe courir sous nos pieds, les martinets nager dans le ciel à la montée du soir. Tout devient possible quand vous avez ressuscité le petit enfant qui était en vous et que vous avez tué un jour pour faire l'intelligent.

Rien n'est plus bête que l'intelligence qui, dans cette affaire, ne sert à rien. C'est même un poids. L'humilité vous en délivrera. Décidez que vous ne valez pas tripette et vous entrerez en harmonie avec l'Univers qui va vous envahir jusqu'à vous dissoudre en lui. Vous éprouverez alors quelque chose qui ressemble à l'extase. Des tremblements intérieurs, des fibrillations du cœur, des montées de vertige.

Je plains les pseudo-rationalistes qui, dans ces circonstances-là, reprochent aux croyants de toujours arborer cet air béat qui est le mien. Comme si la foi était une maladie ! Ces gens-là pensent de travers. Ce ne sont pas les croyants

14

qui sont coupés du monde mais les autres, les nihilistes, les matérialistes, les adorateurs du Veau d'or, tous aveugles à la beauté, la transcendance, l'invisible, l'harmonie.

Il y a plusieurs années, dans un livre consacré à ma mère[1], j'avais parlé de mon rapport à Dieu mais la pudeur m'avait retenu ; j'avais peur du ridicule. L'âge venant, elle ne filtre plus rien, on voit même à travers et il m'est devenu aisé de dire la vérité crue.

J'ai écrit les pages qui suivent pour vous raconter le roman vrai de mon Dieu tout en partageant avec vous les moments où je l'ai rencontré. J'ai aussi écrit ces pages pour vous convaincre des bienfaits de la réconciliation entre le cosmos et soi, qu'on appelle le panthéisme. Il est temps d'en mettre dans toutes les religions. Il les apaisera, les embellira.

---

1. *Dieu, ma mère et moi,* Gallimard, 2012, « Folio » n° 5624.

1

La scandaleuse indifférence de Dieu

L'histoire de Dieu est celle du genre humain. Elle a été écrite par tout le monde, les philosophes, les scientifiques, les théologiens. Si on n'en connaît pas encore la fin, on sait qu'elle a commencé quand, un jour, il y a au moins quatre millions d'années, un hominidé à l'allure simiesque s'est mis sur ses deux pattes arrière et a vu le ciel étoilé qui lui a ouvert un monde nouveau.

Les bêtes n'ont pas cette chance. À quatre pattes, le museau dans les fougères, on ne peut avoir la même intuition de l'au-delà ni de l'infini. Quand ils sont en pleine voltige, les oiseaux ne tournent pas leurs yeux vers le soleil et l'azur. Ils ne voient pas plus loin que le bout de l'horizon, à ras de terre. Même l'aigle royal ne regarde pas au-dessus de lui. C'est sans doute pourquoi les animaux n'ont pas la foi, pour ce que l'on en sait.

Il y a des bêtes qui, occasionnellement, peuvent pratiquer la bipédie, autrement dit se mettre de temps en temps debout : les ours, les suricates, les marmottes et, bien sûr, les grands singes. Mais aucun sauf le pingouin ne peut, comme l'être humain, mettre sa tête en arrière de telle façon qu'il puisse voir le ciel tout entier. Aucun ne peut non plus rester une nuit entière allongé sur le dos, les yeux dans la Voie lactée. Cela change tout.

C'est dans mon enfance que Dieu m'est apparu pour la première fois. Mes parents, mes deux sœurs et moi vivions dans le creux d'une boucle de la Seine, au milieu d'un fouillis de bois, de ronces, de prés, à Saint-Aubin-lès-Elbeuf, non loin de Rouen. J'étais un enfant sauvage qui passait ses journées dehors, dans la nature, à courir, à cueillir des mûres, à contempler le fleuve se la couler douce.

Souffrant déjà d'un dédoublement de la personnalité, je me souviens que c'est en regardant la Seine que j'éprouvai, pour la première fois, la sensation de me fondre dans l'eau, d'être emporté par elle, de devenir quelqu'un d'autre, une sensation souvent ressentie depuis lors, devant un lac qui dort, un enfant qui rit, un animal qui joue. Dieu m'emmenait loin, très loin…

Petit, je sentais la présence de Dieu partout et d'abord dans la lumière dorée ou jaunasse qui semblait tomber du ciel, y compris les jours de grands froids, pour réchauffer la nature dont le spectacle m'exaltait et m'horrifiait. J'aimais le bouillonnement de la vie mais je ne supportais pas sa violence, les meurtres, les tueries. Les fourmis ramenaient dans leur antre un papillon encore vivant, les pattes pantelantes. Le chat s'amusait pendant des heures avec la souris qu'il traitait comme une balle et qui criait sous les morsures en sautant stupidement pour échapper à son destin. L'araignée prenait son temps pour tuer les mouches prises dans sa toile qui, pendant la piqûre fatale, émettaient de déchirants bourdonnements.

Les humains ne se comportaient pas mieux. Je ne supportais pas les cris affreux des bêtes que les voisins tuaient n'importe comment le samedi et le dimanche. Les poules, les lapins, les cabris saignés à la va-comme-je-te-pousse. J'étais révolté par l'activité des bouchers. Enfant, il m'est arrivé plusieurs fois de réclamer d'une voix de stentor, devant leurs boutiques, qu'ils fussent tous mis à mort pour leur apprendre la vie, au grand dam de ma mère qui les défendait avec véhémence : à ses yeux, c'était une profession d'utilité publique qui œuvrait pour la « santé » de tous, notamment des enfants dont elle aidait à développer le cerveau, la taille, les muscles.

C'était l'après-guerre. Les privations de l'occupation allemande avaient provoqué une frénésie, sinon une hystérie de viande, laquelle était censée rendre plus fort, plus intelligent, plus heureux. Elle pouvait même guérir la dépression, ai-je entendu un jour. Pour faire plaisir à ma mère, je consentais à manger de la viande, de mauvaise grâce, à condition qu'elle fût très cuite, en l'avalant au lieu de la mâcher. Mais les rôtis de bœuf ne passaient pas, les steaks de cheval et le foie de génisse non plus. Ils me sont restés jusqu'à aujourd'hui en travers de la gorge et quand j'y pense, j'ai le cœur au bord des lèvres. Qu'avons-nous besoin de nous repaître de chairs mortes, de plaies saignantes, de vie volée ? Il y a là une forme de damnation.

J'étais au comble de l'indignation quand surgissaient sur notre territoire, quai d'Orival, des armées de chasseurs qui employaient les grands moyens pour éradiquer les garennes effrayés. Des braillards que je traitais à voix basse d'« assassins. » Aux premiers jours d'automne, ils quadrillaient le secteur dès le petit matin. Nous nous claquemurions dans la maison et ils tiraient de tous les côtés, au milieu des clabaudages, dans un climat de fin du monde. Souvent, les coups de fusil étaient suivis de longs silences de sidération pendant que frissonnaient le saule pleureur du jardin, les ronces, les acacias, les bouleaux, les pommiers, les noisetiers, toute la flore luxuriante du bord de Seine. On aurait dit qu'ils avaient la chair de poule.

*

À ma façon, j'étais comme le Christ. Je ne supportais pas la souffrance des autres et avais décidé de sauver le monde. Pendant mon enfance, nombreux furent les loriots, souris, musaraignes, mouches, libellules, animaux de toutes sortes qui furent arrachés à une mort certaine grâce à ma divine intervention. Du matin au soir, je prenais le parti des faibles et jouais au justicier, libérant des griffes de leurs persécuteurs les bêtes blessées ou les insectes volants piégés dans des toiles d'araignées. J'avais moins de chance quand je prenais en pension dans ma chambre des bébés perdus ou abandonnés : oisillons, lapereaux, hérissoneaux. Ils finissaient presque toujours par mourir de tristesse ou de diarrhée. Je ne comprenais pas pourquoi Dieu ne daignait pas me donner un coup de main. Jamais il ne me vint à l'idée que sa seule excuse était de ne pas exister ; je le jugeais absent, insouciant ou complice. Comment pouvait-il laisser faire tous ces crimes ? Pourquoi cette indifférence ?

Tout semblait organisé, ici-bas, pour que le mal l'emportât. J'étais dépassé. Les chats avaient compris qu'il ne fallait pas me montrer les proies qu'ils attrapaient. Ils se donnèrent vite le mot et cessèrent de les ramener fièrement sur le palier de la maison où je m'en emparais pour les ramener à la vie, quand la colonne vertébrale n'était pas brisée. Désormais, ils allaient tuer leurs victimes dans les haies et les déguster en catimini.

J'étais plein de révolte mais aussi plein de bonheur. Il paraît que ces sentiments sont incompatibles. Fadaises ! Ce sont eux qui, de conserve, ont toujours mené ma vie. Mais l'un prenait quand

même le pas sur l'autre, à en juger par mon sourire ballot, vissé sur ma bouche, qui escagassait
déjà et passait pour de l'insolence.

Cet état d'esprit m'a joué quelques mauvais
tours tout au long de ma vie. Mais je n'y suis
pour rien : c'est Dieu qui me l'a donné. Et il
vaut toujours mieux être heureux qu'être aimé,
il y a plus de chances que ça dure...

2

La première fois que j'ai rencontré Dieu

C'était un après-midi d'été, au bord de la Seine, sur une avancée herbeuse. Je m'étais endormi près de l'eau, en écoutant la petite musique du clapotis qui troublait à peine l'indolence du fleuve. Quand je me suis réveillé et que j'ai ouvert les yeux, il m'a semblé que j'étais au ciel. Un ciel tout blanc alors que, je m'en rendis compte ensuite, il était bleu marine.

Je crois que l'harmonie est blanche comme la joie, le lait, la neige, le coton, les cheveux des vieillards. Ce jour-là, elle était si puissante qu'elle m'avait explosé, disséminé en particules élémentaires dans l'infini du monde. J'étais sorti de moi, je ne savais plus où j'étais. Perdu, pour sûr. Disparu, pour ainsi dire. Il me fallut au moins un quart d'heure pour rassembler les morceaux et me retrouver.

Quand je revins à moi, la tête dans les boutons-d'or, mon visage était couvert de larmes de joie et je me sentais comme quelqu'un qui aurait été englouti par un trou noir avant d'atterrir, des années-lumière plus tard, dans une crique où la mer frémissait sous les caresses des ailes des oiseaux pêcheurs. Un rien, en état de béatitude.

Que m'était-il arrivé ? Je n'avais pas eu d'apparition : ni le Christ ni la Vierge n'avaient été impliqués. Je n'avais pas entendu de voix non plus. J'étais néanmoins convaincu que Dieu était dans le coup. Qu'il m'avait envahi avant de se carapater. Sinon, je n'aurais pas éprouvé cette sensation de baudruche dégonflée, tombée de très haut après avoir été traversée par quelque chose d'extraordinaire.

Cette première rencontre avec lui s'est produite avant que j'entre à l'école primaire. Je devais avoir cinq ans. Depuis, je n'ai jamais parlé de cette expérience à personne, même pas à ma mère. J'avais peur de passer définitivement pour un illuminé, simplet, innocent du village. Je craignais aussi que les visites divines ne se renouvellent plus si je révélais celle-là. C'était une histoire entre Dieu et moi.

Il paraît que la superstition porte malheur. Je suis convaincu du contraire, d'autant que c'est l'un de mes vilains défauts. De peur de les effrayer et de ne plus jamais les revoir, je parle rarement de mon bonheur, de mes extases, de mes amours. Si j'étais né en terre d'Islam, j'aurais été la youyouteuse qui, penchée sur le berceau du nouveau-né, s'arrache les cheveux pour ne pas attirer les mauvais esprits : « Mais qu'est-ce qu'il est moche, ce bébé ! Et comme il a l'air bête ! Il ne fera rien de sa vie, celui-là ! »

Dans les semaines qui suivirent mon initiation, j'ai retrouvé Dieu au sommet d'un tas de foin qui sentait le caramel cuit. Une autre fois, pendant un concert d'orgue avec ma grand-mère aux manettes, à l'église Saint-Jean d'Elbeuf. Les rencontres se suivaient à un rythme assez régulier. La seule chose qui trahissait mon secret était toujours ce sourire, de plus en plus béat.

3

Dans les yeux de ma mère

Un jour que, en pleurs, je faisais part à ma mère de mon sentiment d'impuissance devant la cruauté du monde, elle m'avait pris dans ses bras et serré très fort contre elle. Si mes souvenirs ne me trompent pas, notre conversation donna à peu près ceci :

« Que fait Dieu pour empêcher tout ça ? m'étais-je indigné.

— On dit souvent qu'il donne, reprend, laisse faire. Je crois qu'il ne faut pas le mêler à ces choses-là.

— Il paraît qu'il est à l'origine de tout. Il ne peut pas se désintéresser.

— On l'a déçu. À moins qu'il ne soit débordé.

— Il pourrait quand même faire un effort.

— Je crains que nous ne soyons plus son problème. Il a sûrement d'autres chats à fouetter ailleurs, dans le cosmos.

— À quoi sert-il, alors ?

— À rien, comme nous. Il est là, voilà tout. »

Ma mémoire est animale : je me souviens que

c'était un de ces soirs d'été où une lumière dorée semble sculpter le monde pendant que les hirondelles balaient le ciel et que, sur terre, les bêtes se mettent à danser de bonheur. Les veaux, les bœufs, les lièvres et les renards, tous gorgés de soleil et d'amour. Sans parler de la flore. Je me sentais aussi grisé qu'eux.

« On ne peut jamais compter sur lui ? demandai-je.

— Jamais. Il est en nous et nous sommes en lui. Dieu n'agit pas, mets-toi ça dans la tête. C'est une présence. »

Ces mots sont restés gravés en moi et je crois n'avoir jamais prié depuis, même pas pendant un enterrement. Il est stupide, songeai-je dès mon jeune âge, de s'adresser à Dieu, comme si nous étions seuls au monde. Il a autre chose à faire que nous écouter, au milieu du brouhaha qui monte vers lui.

Professeur de philosophie et catholique de gauche, maman me donna ce soir-là une leçon de vie. Selon elle, il fallait faire le bien envers et contre tout, pour être en harmonie avec sa conscience, parce que c'était notre raison d'être, mais en sachant que, sur cette terre, le mal avait souvent l'avantage ; je devais cesser de présumer de mes forces, mon péché mignon ; sinon, je gâcherais ma vie.

« N'essaie pas de changer le monde, dit-elle. Autrement, il te broiera. Sois toi-même et fais ton devoir d'homme, ça suffit pour bien remplir une vie.

— Mais c'est une cause perdue, maman. Je n'arriverai à rien sans l'aide de Dieu.

— De temps en temps, tu sentiras sa présence. Alors, ouvre-toi. Ça te donnera une joie et une force dont tu n'as pas idée. »

Je me gardai de lui dire que c'était déjà le cas. Ma mère approcha sa tête et me regarda dans les yeux. Ils étaient comme les miens, d'une couleur indéfinissable. Chez elle, le marronnasse dominait. Chez moi, le gris. Ça m'allait bien. J'ai toujours aimé l'idée d'être fuyant, indiscernable.

S'il y avait eu un concours des yeux les plus moches de Normandie, maman serait sortie première ex aequo avec moi. Elle était pourtant la beauté incarnée et j'étais fier que les hommes se retournent si souvent quand elle avançait sur ses talons hauts, la proue en avant, dans un tintinnabulement de bijoux. Le front conquérant, les fossettes palpitantes, les cils frémissants, les lèvres entrouvertes au monde, chaque parcelle de son corps était un appel à l'amour. J'aimais tout chez elle, même quand son beau regard, en fin de journée, après de longues journées de cours au lycée, pouvait avoir quelque chose de marécageux.

Ce soir-là, quand je suis entré dans les yeux de ma mère, je fus ébloui par un grand soleil, des cascades de lumière blanche. J'étais totalement exalté, en lévitation au-dessus de moi-même. Pendant plusieurs secondes, j'eus le sentiment de vivre un phénomène surnaturel : le regard maternel m'emmena très loin, dans une danse effrénée jusqu'au bout de l'azur.

J'avais laissé mon enveloppe corporelle sur la terre. Porté par un plein bon Dieu d'amour, je me sentais gonflé de l'intérieur par les vents du monde et me répandais au-dessus des nuages. Je perdis mon âme en chemin et ne la retrouvai qu'à mon retour ici-bas.

De cette rencontre divine dans les yeux de ma mère, je suis sorti agrandi, rapetissé, rassuré, épuisé de vertige. Depuis, chaque fois que Dieu m'envahit, je pense à ma mère morte et je sens son cœur battre dans ma poitrine.

4

Le pouvoir d'une croix

L'hiver suivant, je connus une longue période où je ne rencontrai plus jamais Dieu, ni à la messe, ni au bord de la Seine, ni dans les yeux maternels. Colérique, mon père devenait de plus en plus violent avec ma mère et je sentais sans cesse en moi un grand vide froid qui me mordait le bas-ventre. Je claquais des dents plus souvent qu'à mon tour et dormais en enfilant des pulls les uns sur les autres.

Quand je m'ouvris de la situation à ma mère, elle me conseilla de m'endormir chaque soir avec un crucifix.

« La douleur du Christ absorbera la tienne, m'avait-elle dit. Il boira tes idées noires. Et ça te réchauffera ! »

Maman avait raison. Le soir, alors qu'enfoui sous mes draps j'embrassais ma croix de bois avant de m'assoupir, je me sentais mieux. Bien que la présence de Dieu fût à peine perceptible, elle me donnait le sentiment d'être invincible et apaisé, comme le détritus qui, dans la rivière, se fond peu à peu dans l'harmonie du monde.

Le charme fut rompu quand, au bout de quelques semaines, m'embarrassa l'odeur aigre laissée par ma salive déversée sur le crucifix. Une odeur de doudou de chien.

Une fois que j'eus savonné la croix, je perdis l'envie de l'embrasser. Son odeur était devenue trop artificielle. Le crucifix resta quelque temps dans un tiroir de ma chambre avant de s'évanouir, rappelé, j'imagine, à d'autres tâches sous d'autres cieux. Je n'ai jamais osé évoquer cette disparition jusqu'à aujourd'hui, en écrivant ces lignes, comme si Dieu, en m'en privant, avait voulu me retirer sa protection et me punir de quelque chose.

*

Je ne crois pas qu'il y ait eu le moindre lien de cause à effet mais, quelques mois après la disparition du crucifix, ma foi changea de nature et ma perception de Dieu commença à s'étendre à mes sœurs et mes frères les animaux.

Pour mes six ans, mes parents m'avaient offert un vélo et mon aire de jeu s'agrandit de plusieurs kilomètres à la ronde. Je n'allais jamais en ville mais dans les champs retrouver des amis veaux, bœufs, moutons. J'avais une chérie génisse, une bretonne noiraude à cul bas, qui adorait me lécher les jambes, les bras, les mains, avec une tendresse non dénuée d'arrière-pensées. Un jour elle disparut. À la ferme, les bêtes ont une fâcheuse tendance à disparaître.

C'est ainsi, sans m'en rendre compte, par petites touches, que j'ai mis du panthéisme dans mon christianisme. Autrement dit, je suis devenu franciscain. Au fil du temps, j'ai rajouté beaucoup d'autres choses à ma foi originelle à laquelle je décidai de revenir, une trentaine d'années plus tard, après la mort de ma mère : je remplaçai la croix du Christ de mon enfance par une médaille en or à l'effigie de la Vierge Marie, offerte par maman dans mes jeunes années.

Au lieu de la pourlécher d'amour comme le crucifix de mes premières années, je me contentais de poser, certains soirs, un petit baiser sur ma médaille mais mon manège prit fin quelque temps plus tard après qu'elle se fut volatilisée avec sa chaîne pendant une baignade en mer. Même si l'envie m'a traversé l'esprit, je n'en ai pas racheté une autre. Je n'aime pas l'idée de recouvrer les objets que la vie a enlevés à mon affection : ce qui est perdu est perdu. Je ne crois pas à la résurrection. Quand on meurt, c'est pour la vie.

5

Nous avons tous le même père

Au commencement était la mer, notre mère, le ventre de Dieu. C'est là que sont venus au monde nos premiers aïeux avant de se développer et que poussent, à la place de leurs nageoires, il y a 375 millions d'années, des moignons de pattes qui leur permettaient de mieux se mouvoir sur les sols boueux, près des rivages où ils prirent des habitudes.

C'est pourquoi nous aimons tant les bains de mer. L'eau est notre élément, notre matrice originelle : nous y retrouvons l'enfance de notre espèce quand, mus par un élan vital, elle tentait de se frayer un chemin dans le marigot de l'évolution où tous les coups sont permis. Les jours où le soleil nous accompagne, n'avez-vous pas le sentiment de nager en Dieu lui-même ?

Nous aimons dire que nous descendons du singe, au grand dam des paléontologues qui rappellent que c'est un cousin et que figure parmi nos premiers ancêtres, *primus inter pares*, le ver de mer. Vient ensuite le poisson vertébré comme celui qui, à l'heure du déjeuner, est servi en filet sur notre assiette. Le merlan, le hareng, le maquereau font, d'une certaine façon, partie de notre famille, il ne faut jamais oublier de s'en souvenir.

Le premier mammifère, une toute petite bestiole poilue et à sang chaud, est né il y a plus de 200 millions d'années. Le premier hominidé, entre 4 et 7 millions d'années. Homo sapiens, c'est-à-dire nous, et son cousin l'homme de Neandertal, espèce moins intelligente dont nous nous repaissions à grandes dents après avoir forniqué avec elle, sont apparus sur terre il y a moins de 300 000 ans.

Nous sommes les enfants d'un grouillement profus de vie, d'une copulation, d'un festin qui ne s'est jamais arrêté, entre deux extinctions de masse.

Le jour où l'homme est passé de la marche à quatre pattes à la station verticale, il a tout compris : le ciel et la terre, le yin et le yang, la pesanteur et la grâce. Il n'habitait plus un grand magma informe sans azur ni horizon. C'est à partir de là qu'il s'est senti perpétuellement coupé en deux, éternellement tiré vers le haut, ramené vers le bas et inversement. À la recherche de son autre moitié, comme dirait Platon, il n'a eu de cesse, ensuite, de chercher un ailleurs, une nouvelle frontière pour se retrouver.

N'en déplaise aux philosophes spécistes, doux euphémisme, notre espèce n'est pas supérieure aux autres sous prétexte qu'elle aurait une conscience. Si les animaux pouvaient se tenir debout, je suis sûr qu'ils en auraient une. Pour avoir eu un ami perroquet, je ne doute pas que cet animal en ait une. Il suffit de fréquenter cette espèce pour savoir qu'elle réussirait l'examen du « cogito » cartésien.

Mais comme beaucoup d'animaux, le perroquet a un grand handicap : son corps. L'évolution, qui avance lentement, l'a laissé en plan, avec son bec absurde. Pitié pour les bêtes, si souvent affublées d'ornements comiques qui les embarrassent. Des sabots, des cornes, des crêtes, des crinières, des becs, des queues qui, comme celle du paon, semblent avoir été créés pour faciliter l'action des prédateurs.

Dans le genre, le poulpe n'est pas aidé non plus, avec sa chair molle qui n'est même pas tenue par un os. Il dispose de cinq cents millions de neurones, beaucoup moins que nos cent milliards, mais ils sont répartis sur tout son corps, jusque dans les tentacules, et peuvent engager des actions autonomes sans en référer au cerveau central. Manger des bras de poulpe, c'est manger de l'intelligence : chaque ventouse pèse à peu près dix mille neurones.

Extraterrestre des profondeurs, le poulpe apprend très vite, reconnaît nos visages, collectionne des objets, emmagasine les connaissances. Sa peau, qui « voit », a quasiment la même sensibilité qu'une langue. Heureusement pour nous, il dépasse rarement l'âge de cinq ans. Sinon, il nous aurait largués depuis longtemps dans le processus de l'évolution et serait devenu, à notre place, le roi de la planète. Je suis sûr qu'ils sont légion sur les exoplanètes.

Le poulpe nous pose des questions vertigineuses sur les origines du vivant. Connue sous le nom de panspermie, une théorie scientifique assure que la vie serait arrivée sur terre, au moins pour certaines espèces, à travers des organismes extraterrestres transportés par des comètes ou des astéroïdes. Selon le Sri-Lankais Chandra Wickramasinghe qui a mené une étude impressionnante avec une trentaine de scientifiques, ce pourrait être l'explication de la sophistication du système nerveux des pieuvres et de l'extrême complexité de leur génome qui compte plus de gènes codant des protéines que celui des humains. En attendant les preuves, respect pour les poulpes.

Quand je passe devant le marché aux poissons de Marseille, sur le Vieux Port, quai des Belges, il m'arrive souvent de céder à des impulsions étranges. Ému par les regards suppliants, d'une infinie tristesse, que posent sur moi les poulpes vivants, je me ruine en les achetant à la chaîne. «Voulez-vous que je les nettoie?» me demande la marchande. «Surtout pas, madame.» Après qu'elle les a enfouis dans trois sacs en plastique successifs dont les deux premiers sont noués serré, je vais les relâcher quelques mètres plus loin, alors que des tentacules commencent à se faire la belle. Chaque fois, à ma modeste façon, j'ai le sentiment de participer au combat de

Paul Watson, le fondateur de Sea Shepherd, l'extraordinaire ONG qui défend le monde des mers, des océans contre les humains qui les saccagent et les ensanglantent.

Malheur à nous. Pour qui nous prenons-nous ? N'est-il pas temps que nous redescendions sur terre et fassions preuve d'humilité ? Bâtisseurs de châteaux de sable, nous avons beau faire les mirliflores dans nos académies, sur nos trônes de pacotille, le sceptre dans une main, un couteau de cuisine dans l'autre, en nous écoutant parler, nous ne sommes guère que des plantes ou des mouches qui ont su faire leur chemin en prospérant sur l'humus des générations précédentes. L'humain ne devrait jamais oublier de se souvenir qu'il a 35 % de gènes codants en commun avec la jonquille et 98 % avec le chimpanzé. Sans parler de notre oncle le cochon qui, au lieu de finir en saucisse et jambon, mériterait le statut d'alter ego avec son rond de serviette à la table familiale.

Mon honnêteté à géométrie variable m'oblige à reconnaître que je n'ai jamais rencontré Dieu ni même le Christ dans les porcheries qui bordaient la ferme de mes parents, sur le plateau du Roumois, en Normandie. Enfant, j'étais épouvanté par les fracas d'apocalypse qui en montaient, en particulier pendant les tueries nocturnes, les castrations à la chaîne, les grands départs à l'abattoir.

Quand il vit en milieu naturel, à l'air libre, loin des cloaques qui lui sont dévolus pour l'abaisser, le porc devient le plus délicieux des compagnons. Irrésistibles étaient les élans d'empathie, sinon d'amour, qui me portaient vers Bernadette, la truie de voisins éloignés, qui vivait en liberté et adorait se soleiller devant leur mare, le groin rose de bonheur, enfoui dans les pâquerettes, et les tétons pris d'assaut par une bordée de cochonnets gloutons. Quand je m'approchais d'elle, je me souviens qu'elle souriait.

Dans ma maison de famille en Provence, j'ai eu beaucoup d'amis sangliers dont les cochons sont la sous-espèce domestique. Amis d'un jour, parfois de quelques mois, ils venaient me humer de loin, prendre un morceau de pain avant de filer comme des voleurs dans la pinède. Ce sont des animaux curieux, sociables, affectueux, qui ont tous la conscience de soi : contrairement aux chats et aux chiens, ils se reconnaissent dans les miroirs. Nous aurions tout pour nous entendre, les suidés et nous, n'était ce fâcheux penchant de notre espèce pour leur chair, leurs abats. Quand ils grillent, ils dégagent, paraît-il, la même odeur que celle de la viande humaine.

Les cochons et les humains ont bien des points communs. La voracité. La sensibilité. La tendance au stress qui favorise les crises cardiaques. La capacité à souffrir des mêmes maladies : l'obésité, le diabète, Alzheimer. Nous ressemblons tant au porc que, en chirurgie cardiaque, nous « empruntons » ses valves aortiques pour remplacer les nôtres quand elles sont déficientes. C'est aussi avec son sang que les laboratoires produisent de l'héparine, un anticoagulant. Depuis des années, des chercheurs envisagent de transformer les cochons en banques qui développeraient dans leur carcasse transgénique des organes humains, un rein, un foie, que nous prélèverions en cas de besoin.

*

Même si c'est rare, il m'est arrivé, au cours de ma vie, de rencontrer des animaux beaucoup plus bêtes que des humains. Tant il est vrai que l'humanisme, notamment, pourrit les cerveaux. Celui du pape Paul VI n'était pas en bon état quand il tint ce propos étrange : « Ce qui est bon pour les animaux ne l'est pas pour l'homme, et encore moins pour la femme. »

Les bêtes sont nos sœurs et nos frères, disait saint François d'Assise. La science lui a donné raison. N'avons-nous pas la même chair que la plupart des mammifères ? Avant la Première Guerre mondiale, les précurseurs de nos chercheurs contemporains considéraient déjà qu'il n'y avait pas tant de différences biologiques entre un humain et un animal – en l'espèce, un chimpanzé, un babouin, un macaque. Ils étaient convaincus que l'on pouvait, mieux que s'aimer, se greffer les uns les autres...

Au début du XXe siècle, le docteur Serge Voronoff, chirurgien humaniste, tout le contraire d'un escroc, se passionne pour l'endocrinologie qui en est à ses balbutiements. La loi interdisant alors les prélèvements d'organes humains, il se livre à toutes sortes d'expériences sur les animaux auxquels il enlève des tissus pour les greffer sur ses patients.

Après avoir transplanté du tissu thyroïdien de chimpanzé sur un enfant atteint de « crétinisme », il utilise des os de macaque pour refaire tant bien que mal le radius et le cubitus d'un soldat blessé lors de la Grande Guerre. Convaincu que les hormones des glandes sexuelles peuvent « rajeunir un organisme affaibli », il passe à une nouvelle phase : le 12 juin 1920, s'inspirant des travaux d'un chirurgien grec, Skevos Zervos, il greffe le testicule d'un grand singe sur un homme castré après une tuberculose. Apparemment, les résultats sont convaincants : le malade aurait retrouvé son énergie vitale.

Voici lancée la mode Voronoff et c'est bientôt la ruée chez le docteur qui, officiant dans son laboratoire installé au Collège de France, se fait fort de relancer la libido de la gent masculine sur le retour. Sa méthode consiste à trancher les testicules de singe en lamelles pour les insérer ensuite dans le scrotum du receveur où ils sont censés fusionner avec ses propres glandes pour lui redonner une vigueur sexuelle. Las, médicalement, la technique est une hérésie : les tissus étrangers sont forcément rejetés. Mais psychologiquement, l'effet placebo aidant, les greffes donnent parfois d'heureux résultats.

Le phénomène devient planétaire et le monde balance entre la fascination et la raillerie, comme le montrent ces paroles de la chanson-phare du film des Marx Brothers, *The Cocoanuts*, sorti en 1929 :

> *Si tu es trop vieux pour danser*
> *Prends une glande de singe.*

Devenu une gloire médicale et pris d'une sorte de délire compulsif, Serge Voronoff multiplie les expériences les plus loufoques, greffant par exemple des ovaires de singe sur des femmes qu'il prétend rajeunir. Après le temps de la fortune, vient celui de la disgrâce et le chirurgien meurt dans l'oubli, en 1951.

Quelques décennies plus tard sont réalisées d'autres exogreffes, c'est-à-dire des transplantations entre espèces. De foie, de cœur de babouin. Le 26 octobre 1984, au centre hospitalier de l'université Loma Linda, en Californie, un cœur de babouin est transplanté sur « Baby Fae », une petite fille qui souffre d'une hypoplasie ventriculaire gauche. Elle est condamnée et il n'y a pas de cœur humain disponible à ce moment-là. Avec l'accord du comité d'éthique de l'hôpital, le docteur Bailey effectue donc une opération de la dernière chance mais ne réussit pas à la sauver : elle meurt au bout de vingt jours.

Après le tollé provoqué par cette affaire, le corps médical observe une trêve des exogreffes. Mais nous aurons beau lantiponner ou nous voiler la face, il faudra bien finir par s'y résoudre : elles sont dans la nature des choses, le sens de l'Histoire. S'il y a une telle gêne devant ces pratiques médicales, c'est qu'elles nous renvoient à nos origines en nous posant la question de l'animal : comment pouvons-nous le traiter plus bas que terre dans les élevages, les abattoirs, alors que nous sommes les mêmes avec la même chair ? Au nom de quoi nous sentons-nous supérieurs ? Qu'est-ce qui nous autorise à manger les bêtes ?

Le jour où les autorités sacreront le cochon réserve officielle d'organes à l'usage des humains, je crains pour la charcuterie que son avenir ne soit très menacé. Même si l'espèce humaine sait repousser toujours plus loin les limites de l'hypocrisie, gageons que les pâtés, les boudins et les saucisses resteront en travers de ses gosiers. Il deviendra de plus en plus difficile de boulotter des chairs que l'on peut, par ailleurs, se greffer. Les yeux s'ouvriront enfin : manger du porc relève de l'anthropophagie.

Chers chrétiens, révisez votre catéchisme. Le Christ n'a jamais dit : « Mangez-vous les uns les autres. »

6

*Tous les amours du monde ne font
qu'un seul amour*

« Aimons-nous les uns sur les autres, » écrivait le poète Jacques Prévert, paraphrasant le Christ. Une devise que j'ai adoptée dès l'adolescence. Au lycée d'Elbeuf, j'étais tout le temps amoureux, mais pas nécessairement de la même fille. Avec Catherine M., l'amour de mes quinze ans, je me sentis bien plus désemparé qu'avec les précédentes : il me semblait que Dieu était en elle.

Elle était l'incarnation de la magnifique et panthéiste antienne qui figure dans la liturgie anglicane du mariage : « Dieu est amour et ceux qui vivent dans l'amour vivent en Dieu et Dieu vit en eux. » D'une beauté blonde et diaphane, Catherine M. était la fille de la tenancière d'un salon de coiffure d'Elbeuf, en Normandie, ville à moitié morte où j'ai passé et laissé ma jeunesse. Elle parlait peu mais écoutait mon bavardage avec une patience infinie, le visage légèrement penché vers moi, tandis que nous marchions côte à côte dans les rues ou sur les bords de la Seine.

Elle ressemblait à *La Madone du Magnificat* de Sandro Botticelli, une peinture sur bois réalisée pour les Médicis, l'une des merveilles de la galerie des Offices à Florence. Un regard doux, apaisant, de Vierge. On ne fait pas la chosette avec la Vierge. Notre amour se borna donc à d'interminables promenades. Jamais un baiser ni même un effleurement. J'étais tétanisé. Ce fut la première fois de ma vie que je ressentis avec une personne que j'aimais un sentiment d'autant plus violent qu'il était absurde : l'envie de me tuer, là, tout de suite. De me jeter d'un pont ou sous les roues d'un camion. Pas pour prouver mon amour à Catherine M., non, mais pour pouvoir me fondre en elle à tout jamais.

Mon amour était si paroxystique qu'il ne pouvait tenir dans mon enveloppe corporelle ; il voulait sortir de moi-même. Après mes premiers émois avec Catherine M., j'ai souvent éprouvé devant d'autres femmes cette sensation étrange d'être cloué au sol, enfermé dans un sac étriqué d'os et de chair, alors que m'aspirait une force supérieure comme celle qu'ont ressentie tant de mystiques.

J'avais dix-huit ans quand Laurence F., l'étudiante en médecine dont j'étais alors épris, avait allumé une vingtaine de bougies, peut-être plus, dans le petit studio où elle me conviait à passer avec elle la soirée, autrement dit la nuit, notre première nuit. On se serait cru dans une chapelle.

Après que je lui eus demandé la raison de cette orgie de bougies, Laurence F. avait répondu avec un air de deux airs :

« Dieu, c'est l'amour. Avec mes bougies, je voue donc un culte à l'amour, notre amour. Telle est ma religion. »

J'avais trouvé ça d'autant plus surprenant dans sa bouche qu'avec ses lunettes rondes sur son nez mutin Laurence F. avait tout d'une intello bouffeuse de curés et de machos. Au cas où j'aurais mal interprété son propos, elle précisa :

« Il n'y a qu'un amour. C'est le même chez les hindouistes, les juifs, les bouddhistes, les chrétiens, les musulmans et tous les autres. »

La vie et les voyages ne firent que confirmer, par la suite, la conviction de Laurence F. Quand il s'agit d'amour vrai, autrement dit d'un amour si grand qu'il nous fait peur, il n'y a aucune différence entre les religions.

Nombreuses sont les définitions de l'amour dont ont si bien parlé Cervantès (« Il n'y a pas d'amour perdu »), Novalis (« Tout objet aimé est le centre d'un paradis »), Stendhal (« L'amour est comme la fièvre, il naît et s'éteint sans que la volonté y ait la moindre part »), Proust (« Le désir fleurit, la possession flétrit toutes choses »), George Sand (« L'amour, c'est l'amitié portée jusqu'à l'enthousiasme »), Colette (« Il y a deux sortes d'amour, l'amour insatisfait qui vous rend à tous odieux et l'amour satisfait qui vous rend idiot »), Tolstoï (« Tout raisonnement sur l'amour le détruit »), Virginia Woolf (« Aucun d'entre nous n'est complet en lui seul »). Mais la meilleure citation reste de beaucoup celle de Spinoza qui évoquait un « accroissement de soi-même », de nos connaissances, de notre puissance d'exister.

Qu'y connaissait-il ? Philosophe en chambre de la félicité, Spinoza avait, semble-t-il, connu le grand amour mais s'était pris un vent dont il ne se remit apparemment jamais. « L'amour, écrit-il dans l'*Éthique*, n'est rien d'autre qu'une joie qu'accompagne l'idée d'une cause extérieure. » On ne peut pas faire plus sobre et moins romantique. « Ayant trouvé la femme qui s'accordait à sa nature », ajoute-t-il, prosaïque, pour ne rien arranger, l'homme « connaît dans la nature rien qui ne puisse lui être plus utile ». Dieu merci, si j'ose dire, ce grand esprit n'enferme pas l'amour dans les lois de l'utilitarisme.

Au contraire, Spinoza met Dieu au cœur de l'amour. La personne aimée étant une partie de la nature, donc de Dieu, l'amour pour elle devient indissociable de l'amour du cosmos, donc de Dieu. Quand on aime quelqu'un, c'est qu'on aime le monde entier. Telle est l'une des grandes leçons de son œuvre.

Nous autres croyants, nous avons tous besoin de nous mélanger au monde. La foi n'est pas seulement une chance. C'est un bonheur qu'on se donne. Pareillement pour l'amour. Certains jours, je me sens visité, traversé, enlevé, pendant que monte en moi un sentiment de grâce et l'envie d'embrasser tout le monde, de crier à tue-tête ma joie de vivre ici et maintenant.

C'est Dieu qui a fait un détour en moi. Ou bien l'amour. Ou bien la nature. Autant de mots qui veulent dire la même chose. Les rencontres que j'ai racontées plus haut peuvent durer une vingtaine de minutes. Celles-là sont brèves, aussi fugaces qu'un vent de printemps. Mais elles ont le temps d'allumer en vous un grand feu métaphysique qui brûle tout, l'ego, les mauvais souvenirs, les passions tristes, afin que vous puissiez vous mélanger au monde.

7

Le narcissisme, voilà l'ennemi

Les histoires d'amour entre nous et nous sont toujours délicieuses mais elles sont rarement intéressantes. Le secret que l'humanité a tant de mal à comprendre et qui explique ses déboires tout au long de son histoire : l'ego est son ennemi.

La preuve, il faut avoir fait le vide en soi pour pouvoir se remplir d'amour, de bonheur jusqu'à ras bord. Né au XIIIᵉ siècle dans le Saint Empire romain germanique et mort au XIVᵉ à Avignon, dans le comté de Provence, Maître Eckhart, théologien dominicain et père de la mystique rhénane, avait tout dit là-dessus, dans un poème en forme d'objurgation :

> *Deviens tel un enfant*
> *Rends-toi sourd et aveugle*
> *Tout ton être doit devenir néant...*

Le même Eckhart, qui n'était pas du dernier bien avec le pape de son temps, disait aussi : « Observe-toi toi-même et chaque fois que tu te trouves, laisse-toi ; il n'y a rien de mieux. » Quand Socrate nous intimait de nous connaître nous-mêmes, songeait-il à la perte de temps que ça impliquait ? La vie étant si courte, est-il bien nécessaire de la passer à disséquer nos souvenirs et à écouter les plaintes larmoyantes qui montent de notre petite enfance ?

La complaisance est le commencement du malheur. Nous sommes à peine arrivés sur terre qu'il est déjà temps de nous en aller. Et, au lieu de profiter à fond de notre bref passage ici-bas, il faudrait nous épuiser dans l'introspection, la plainte, l'autoanalyse ! Plus épicurien qu'Épicure, Eckhart affirmait encore : « Accomplissez toutes vos actions sans une raison. La vie se vit pour elle-même et pour aucune autre raison. »

Qu'est-ce qui nous gâche la vie ? Le narcissisme, la concupiscence, l'ambition matérielle. Sans oublier l'amour de soi. D'un côté, les questions sans réponse comme celles qui concernent les raisons profondes de notre mal-être. De l'autre, les vanités, les convoitises, les faux plaisirs, tout ce qui tourne autour de notre égotisme qu'il faut détruire pour être heureux et que notre société, au contraire, entretient avec délectation. Il n'y a pas d'amour ni de bonheur ici-bas sans foi ni détachement, les meilleurs amis de l'optimisme.

La foi rend optimiste, non parce qu'elle décréterait la vie éternelle ou l'immortalité de l'âme, sujets à caution, mais parce qu'elle vous emmène au-dessus de vous-même qui, alors, n'êtes plus le centre du monde. Certes, comme l'atteste ma confiance dans l'avenir et les gens, mon optimisme peut confiner à la niaiserie mais jamais je ne me plaindrai qu'il mène mes pas. Il rend léger, confiant, insouciant. Le ressentiment fatigue comme la peur, la jalousie, la mélancolie et les trois poisons selon Bouddha (l'ignorance, l'avidité, la haine).

L'optimisme accompagne, protège et fait gagner beaucoup de temps. Je sais à quoi je dois le mien : tout au long de ma vie, je me suis régulièrement laissé emporter par ce tourbillon grisant qui me dépassait. L'espèce humaine lui donne, selon les continents, un nom différent : le Seigneur pour les chrétiens, Allah pour les musulmans, Zarathoustra pour les zoroastriens, Brahma pour les hindouistes, Adonaï pour les juifs…

Contrairement à la légende, le judaïsme aussi est une religion joyeuse. Mon ami Haïm Korsia, grand rabbin de France, aime dire que le judaïsme a deux fondements, le shabbat et la table familiale, sorte d'autel domestique régi selon le code alimentaire de la cacherout, d'où retentissent sans cesse des blagues et des explosions de rires. Dans l'Ancien Testament, il est souvent question de passer du bon temps : « Tu fêteras dans la joie, ordonne le Livre du Deutéronome, toi, ton fils et ta fille, ton serviteur et ta servante, le lévite et l'immigré, l'orphelin et la veuve… »

De ma liste, j'exclus non sans regret le

bouddhisme : son dieu, si dieu il y a, est caché. Mais je maintiens l'hindouisme : à Brahma, créateur de la matière et de l'univers, les autorités monothéistes refusent, avec mauvaise foi, le statut de Dieu sous prétexte qu'il est indescriptible et incarne l'absolu, l'âme universelle, l'esprit cosmique suprême. Il donne pourtant à un milliard de fidèles les mêmes moments de grâce que la plupart des religions, à commencer par la mienne, mélange syncrétique qui guide mes pas, ma main, ma tête.

8

« *Dieu, c'est-à-dire la nature* »

N'écoutons pas les augures : même si les
ventes de recueils sont en chute libre, la poésie
ne mourra jamais. Elle exprime ce que la littérature ne peut pas dire. Les vérités absconses.
L'indicible de nos rêves, de nos émotions, de
nos arrière-pensées. Elle ne sert à rien, sinon à
transmettre aux autres des choses qui nous
dépassent et que l'on ne peut pas formuler.

Les poèmes brassent de l'air, du vent. Sauf
exception, ils sont consubstantiellement panthéistes. Ce sont des peintures ou des sculptures
faites avec rien, des nuages, des mots, des
papillons, du vide, de l'infini. Que vaudraient
nos vies sans poésie ? Il nous manquerait un
troisième œil pour voir le monde. Il ne se passe
pas une journée sans que je lise quelques vers
de mes poètes préférés, Aragon, Apollinaire,
Emily Dickinson, Adonis, Henri Michaux ou
William Wordsworth qui célèbre ainsi le printemps :

> *La Nature à son bel ouvrage*
> *Liait l'âme qui coule en moi*
> *Et mon cœur déplorait l'ouvrage*
> *De ce que l'homme a fait de soi.*

Quant à Louise Labé, que je place très haut, elle nous adresse depuis son XVIᵉ siècle ce sonnet torride qu'adolescent j'aimais réciter aux jeunes filles que je courtisais :

> *Baise m'encor, rebaise-moi et baise*
> *Donne-m'en un de tes plus savoureux ;*
> *Donne-m'en un de tes plus amoureux,*
> *Je t'en rendrai quatre plus chauds que braise.*

J'ai écrit beaucoup de poèmes pour les femmes que j'aimais quand, au paroxysme de la passion, gonflait en moi une griserie profuse, à m'en faire péter le bedon. Lorsque je suis amoureux, les mots ont une fâcheuse tendance à s'embourber dans ma gorge. Mes vers me permettaient d'exprimer mes sentiments.

Il n'y a pas si longtemps, à l'occasion d'un déménagement, j'ai retrouvé un poème écrit il y a une cinquantaine d'années, que je n'avais pas envoyé à sa destinataire. Je n'en suis pas fier mais il résumait ma conception de la vie qui n'a pas changé depuis :

TOUT L'AMOUR DU MONDE

> Tant que je vivrai,
> Je chanterai les criquets

Le ciel, les perroquets,
Les baisers, les palmeraies
La gloire des étés
L'appel des toiles cirées
L'ivresse des serments
Les rires des enfants
Le venir de la mer
L'onde des prières
Les baisers de nos mères
Les noces des envers
L'enchantement de tes pas
Rien ne dure ici-bas,
Ouvrons grands nos bras
Au tourbillon des bas
Aux vertiges des émois
À la brise qui se noie
Abandonnons-nous, amour
Montons dans les tours
Laissons entrer en nous
Les élans du grand tout
La symphonie des oublis
Le roulis de nos nuits
Croquons les fruits défendus
Que rien ne soit perdu
Ni la chair ni l'effroi
Jusqu'à la prochaine fois.

Depuis que j'ai écrit ce poème, tout a changé
dans le monde. Les mots, les aspirations, les
technologies. Mais rien n'a changé non plus. Ni
le désir d'harmonie, ni les chants des oiseaux,

ni les plaisirs des jours. Quand j'ai lu ces vers longtemps après, j'aurais dû, l'âge venant, me sentir dépassé, comme le survivant cacochyme d'une planète morte, à la dérive dans le cosmos. Mais non, je me réveille toujours dans le même état de joie, d'impatience : l'élan vital fait le lien entre toutes les époques. Jusqu'à mon souffle ultime, je ne ferai grâce à personne de ma dernière goutte de vie.

Chaque génération croit écrire son épopée sur une page blanche : elle invente un monde que la précédente ne comprend pas et qui sera bientôt recouvert de pelletées de terre par la suivante. Nous sommes des machines à enterrer les morts et à fabriquer de l'amnésie. Nous restons cependant tous semblables, habités par la fureur de vivre, comme les asticots ou les éléphants.

Que sera notre terre dans un siècle ? Dans cinq cents ans ? Y aura-t-il toujours des écureuils pour sauter entre les branches des pins ou des tomates géantes à la peau crevée, répandant leur sang sous les coups de serpe du soleil ? Les pommes dégageront-elles toujours le même parfum acidulé en nous jetant leur jus à la figure quand on les croquera ?

En quelques décennies, j'ai vu notre espèce déserter la nature et se réfugier dans l'entre-soi, le béton armé, les téléphones portables, le chaos morose de la modernité. Autant d'éléments qui l'ont éloignée de Dieu, je veux parler du vrai, celui qui nous accompagne, pas de l'attrape-gogo tyrannique juché sur son trône, qui prétend contrôler les vies, les cerveaux, et défigure à intervalles réguliers les religions monothéistes.

Quand bien même tout se transmuerait ici-bas, tant qu'il y aura de la vie, il restera toujours l'amour dont Novalis, génie mort à vingt-huit ans, écrivait qu'il l'avait transformé en flamme et que cette flamme consumait peu à peu tout ce qui était terrestre en lui...

9

En attendant la prochaine extinction

Sous prétexte que Dieu ne lui donnait pas signe de vie, une partie grandissante de notre espèce a décrété qu'il était mort. Elle a des excuses : dans les villes solitaires, c'est à peine si elle voit l'azur entre les toits des immeubles. Les métropoles et les mégalopoles l'ont coupée de ses origines pour façonner les humains à leur guise, avec lumières artificielles, musiques d'ambiance.

Convaincu de son immortalité, le genre humain ne voit plus l'animal en lui. Il l'a extirpé, il semble même l'avoir tué. Observez comme il s'encroit, prédateur en chef, au sommet de la pyramide des créatures. Nous sommes entrés à un âge où l'on peut passer une vie entière sans jamais voir le jour comme les cochons à engraisser dans nos porcheries industrielles, prêts à manger en 180 jours. Sans voir non plus ni d'arbres ni de bêtes, sinon un chien, un chat, un rat, aperçus furtivement, sur un trottoir ou entre des voitures.

Depuis ma petite enfance à la ferme, je n'ai jamais douté un instant que je faisais partie du monde du vivant, à égalité avec les lapins, les grenouilles, les oliviers, les poireaux, les fourmis. En harmonie avec tous les êtres vivants, je leur parle souvent et suis convaincu qu'ils me répondent. C'est au demeurant ce que les paysans ont fait pendant des millénaires.

Les herbivores sont les victimes sacrificielles de l'holocauste perpétré par le genre humain pour se remplir la panse. C'est pourquoi j'ai toujours eu un faible pour eux. Mais ma compassion, qui n'est pas sélective, s'étend aux insectes. Il m'est souvent arrivé d'interrompre un déjeuner « d'affaires » dans un grand hôtel pour aller déposer délicatement sur des arbustes du jardin le plus proche les coccinelles ou les araignées que j'avais récupérées sur la nappe.

Un comportement enfantin qui, je le conçois, prête à sourire. Je me suis longtemps senti « différent » jusqu'à ce que, dans les années 90, je rencontre J.M.G. Le Clézio qui devint mon ami : le même genre. L'une des rares personnes de ma connaissance qui peut tenir une conversation interminable sur les papillons, en l'espèce les monarques qui, chaque année, par millions, font l'aller et retour de l'Amérique du Nord au Mexique où ils hivernent. Double migration qui peut atteindre jusqu'à 5 000 kilomètres et qu'ils effectuent à 3 000 mètres d'altitude, souvent en planant, les ailes en V.

Vus de l'Univers, nous ne sommes pas plus importants que les monarques, les têtards, les lombrics. Depuis des siècles, à travers la religion ou la philosophie, le genre humain s'est mis au centre du cosmos, avec une morgue qui frise le ridicule. On peut comprendre son désarroi métaphysique. Si le Dieu des monothéistes a créé l'homme, il a forcément créé aussi les dinosaures. N'étaient-ils qu'un brouillon divin ou s'agit-il d'une espèce qui a mal tourné ?

Les dinosaures ont certes bien réussi. Apparus sur la Terre il y a environ 230 millions d'années, ils l'ont régentée pendant 165 millions d'années, jusqu'à leur extinction, probablement provoquée par la chute d'une météorite de 10 kilomètres de diamètre, qui s'est écrasée au Mexique. Un choc aux effets équivalant à plusieurs milliards de bombes atomiques, qui a propulsé dans l'atmosphère 15 000 millions de tonnes de suie.

Notre espèce n'est pas à l'abri d'une catastrophe de ce genre, même si, pour ce que l'on en sait, elle n'aurait pas la même ampleur. En 2018, la NASA, l'agence spatiale américaine, a détecté 13 810 « objets » ou astéroïdes « géocroiseurs » qui pourraient constituer une menace pour la planète. Parmi eux, 800 environ, mesurant plus de 140 mètres de diamètre, sont susceptibles de provoquer des dégâts considérables s'ils s'écrasent un jour sur la Terre.

Relativement proche de nous, le « géocroiseur » Bennu (500 mètres de diamètre) pourrait, si sa route croise celle de notre planète, entrer en collision avec elle au siècle prochain.

C'est pourquoi la NASA envisage de lancer des vaisseaux spatiaux pour dévier la trajectoire des astéroïdes...

Mais d'ici là, notre Terre aura sans doute fait quelques pas supplémentaires vers la sixième extinction, la nôtre. Ne sommes-nous pas les nouveaux dinosaures ? Avant une pause au début du XXIᵉ siècle, notre taille a augmenté, au cours du siècle précédent, de 9 centimètres pour les femmes et de 8 pour les hommes. Mais nous avons encore de la marge avant d'atteindre les performances du titanosaure dont le squelette reconstitué est exposé à l'American Museum of Natural History, à New York : 37 mètres de long pour un poids estimé à 77 tonnes. Découvert en Patagonie au fond d'un ancien point d'eau, cet herbivore fait partie des plus grands animaux préhistoriques jamais découverts. Combien de tonnes pèseront, à l'avenir, les rejetons de notre descendance ? Pourront-ils encore passer dans l'embrasure de nos portes ?

Au train où vont les choses, on ne peut être sûr de rien : à plus ou moins long terme, l'espèce humaine sera éradiquée de la surface de la Terre où rien ne dure et tout se perd. Dommage pour Bach, Shakespeare, Molière, la Callas. Nous n'aurons donc fait que passer, comme les dinosaures : au cours des 500 derniers millions d'années, la vie a quasiment disparu à cinq reprises sur la Terre à cause de changements climatiques, si l'on excepte la météorite tombée sur le Mexique il y a 65 millions d'années.

Cette fois, pourtant, le taux de disparition des espèces pourrait être beaucoup plus élevé que lors des précédentes extinctions : 75 % dans les prochains siècles. La faute à l'avidité, la cupidité, la chasse à mort, la pêche intensive, le braconnage, l'utilisation de pesticides ou encore l'explosion démographique en cours, à l'origine de l'élimination des gorilles, lions, gelinottes, grenouilles, etc.

Il y a 200 000 ans que nous sommes sur cette Terre. Les espèces comme la nôtre étant dotées d'une espérance de vie bien supérieure, sans parler de notre inventivité, nous pourrons peut-être réussir à survivre, mais dans quel état !

Il reste que nous ne pourrons nous en prendre qu'à nous-mêmes et à notre humanisme, cette vieille idéologie mortifère qui nous a extraits du monde du vivant, un arrachement insensé d'où est venu tout le mal.

10

L'antispécisme contre l'inhumanité

L'antispécisme est apparu bien avant qu'un nom lui fût trouvé. Parmi les pionniers du combat pour la cause animale figurent Pythagore, le premier philosophe, Plutarque, Montaigne. Sans oublier l'abbé Meslier, prêtre athée et libertaire, dont les écrits furent exhumés par Voltaire en 1762, trente-trois ans après la mort de ce curé des Ardennes.

Pour ne pas se mettre en danger, Voltaire avait dû atténuer le texte. Révolutionnaire avant l'heure, l'abbé Meslier s'en prenait violemment aux « christicoles » et mettait sa radicalité au service des démunis mais aussi des animaux : « Maudites soient les nations qui les traitent cruellement, qui les tyrannisent, qui aiment répandre leur sang et qui sont avides de manger leurs chairs. »

Son plaidoyer pour les animaux n'a pas marqué les esprits. C'était trop tôt. Dans tous les domaines, l'espèce humaine passe son temps à fouler les vérités aux pieds jusqu'à ce que survienne un original qui trébuche sur l'une d'elles, tonne son indignation et fasse changer le cours de l'Histoire. En matière de condition animale, ce rôle est dévolu à Richard Ryder.

Psychologue britannique du XXe siècle, Richard Ryder invente le mot spécisme en 1970, dans une brochure universitaire, à partir d'une observation : depuis Darwin, les scientifiques admettent qu'il n'y a « aucune différence essentielle » entre les humains et les animaux, biologiquement parlant, mais ils maintiennent « une distinction radicale » sur le plan moral alors qu'il y aurait, au contraire, un « continuum » entre eux et nous.

S'appuyant sur l'intuition de Richard Ryder, le philosophe australien Peter Singer forge contre l'humanisme le concept d'antispécisme développé dans son livre fondateur *La libération animale*, paru en 1975. Son credo : qu'ils soient humains ou animaux, il faut considérer de la même façon, sur un pied d'égalité, tous les êtres doués de sensibilité. Il n'y a aucune raison pour que l'espèce dominante, la nôtre, refuse d'étendre aux autres « le principe fondamental d'égalité de considération des intérêts ».

L'antispécisme est une grande avancée de la pensée. Nous invitant à descendre du piédestal d'où nous prétendons dominer le monde, Peter Singer nous apporte une version philosophique des injonctions hindouiste, jaïniste, bouddhiste, taoïste. Maître Eckhart ou saint François d'Assise, souvent considérés comme de bons chrétiens, ne disent pas non plus autre chose. La plupart des créatures ne sont-elles pas égales, au moins chez les mammifères ?

Faites l'expérience. Regardez longtemps un chat, une vache ou une chèvre dans les yeux et analysez les émotions qui passent entre vous. L'empathie, la gratitude, la méfiance. Même si vous croyez avoir barre sur l'animal, il vous observe d'égal à égal, sans complexe, quand il ne vous prend pas de haut. Il n'y a guère que le chien qui se sente inférieur à nous : animal valorisant, il fait le bonheur de ses propriétaires qui, devant ses preuves d'admiration, ont tôt fait de se prendre pour Napoléon Bonaparte ou Albert Einstein.

Qu'avons-nous de plus qu'eux ? Contrairement aux chiens et aux chats, le bonobo et le chimpanzé se reconnaissent dans le miroir : ils ont la même conscience de soi que les humains, tout comme les grands dauphins, les éléphants d'Asie, les perroquets gris du Gabon ou les porcs d'élevage. Descartes, qui a écrit beaucoup de bêtises sur les animaux, a inventé le « cogito » pour rehausser l'homme. Il est temps de célébrer le « cognoscitur » afin de mettre au même niveau que nous les bêtes qui réussissent le test du miroir : « Je me reconnais, donc je suis. »

Les animaux peuvent même faire aussi bien, sinon mieux, que les moins vifs d'entre les humains. À la fin du XXe siècle, la perruche ondulée Puck était capable de prononcer jusqu'à 1 728 mots et savait construire des phrases, inventer des expressions. À peu près au même moment, entraîné par le professeur Irene Pepperberg de l'université de Harvard, le perroquet gris du Gabon Alex disposait d'un vocabulaire de 150 mots et en utilisait ou en comprenait plus de 1 000, au point qu'il était possible d'avoir de vraies conversations avec lui. Ses derniers mots à sa maîtresse avant de mourir en 2007, à l'âge de trente et un ans : « Je t'aime. »

Quand j'ai rencontré Irene Pepperberg à Harvard, des années plus tard, elle était encore en deuil et parlait d'Alex comme d'une personne, ce qui était le cas si on en juge par les vidéos où il apparaît qu'il pouvait raisonner ou utiliser des concepts. Selon elle, son perroquet avait des capacités cognitives comparables à celles d'un humain âgé de cinq ans.

Irene Pepperberg se livra pour moi à toutes sortes d'expériences avec un autre perroquet à qui elle demandait la matière ou la couleur d'objets qu'elle lui présentait. Ces exercices semblaient lasser de plus en plus l'animal qui, soudain, protesta : « Je veux rentrer. » Ses désirs étant des ordres, sa maîtresse le posa dans sa cage d'où il nous toisa avec un mélange de fierté et de soulagement.

Bien éduqué, un chien peut atteindre les mêmes chiffres qu'un perroquet gris du Gabon : Chaser, une border collie américaine, connaît le nom de 1 022 objets qu'elle apporte à la demande. Si on lui présente un humain inconnu en lui donnant son prénom, il suffit de prononcer celui-ci, quelques minutes plus tard, pour qu'elle parte le chercher dans sa cachette.

Les soi-disant humanistes vont me tomber dessus en m'accusant de donner dans l'anthropomorphisme, le mot qui tue, mais que je revendique. Les animaux n'éprouveraient-ils pas comme nous du chagrin, du bonheur, de la souffrance ? À moins de vivre dans le monde virtuel échafaudé par la religion et une grande partie de la philosophie, il n'y a aucune raison de se sentir supérieur aux autres êtres vivants, fussent-ils de petits mammifères ou les légumes du jardin. Pour ma part, j'éprouvais toujours un pincement au cœur pour la carotte que j'arrachais de la terre et à la vie, dans le potager de mes parents, pour le prochain dîner.

Moquez-vous, peu me chaut. Vivre, c'est manger et manger, c'est tuer. Des mammifères, des poissons, des salades. Je déteste l'idée de tuer quelque forme de vie que ce soit. Comme tous les végétariens, j'ai subi le même genre de blagues pendant des décennies : « Si tu ne supportes pas la souffrance des animaux de boucherie que je mange, pourquoi acceptes-tu celle des carottes dont tu te régales ? » Ou bien : « Comment peux-tu rester insensible à la tragédie des tomates arrachées à leur famille ? »

Ces railleries faisaient mouche. Chaque fois, je me sentais coupable et restais coi. La science est peut-être en train de justifier mes intuitions enfantines en montrant que les végétaux ne sont pas ceux que l'on croit. Par exemple, qu'ils communiquent entre eux, en cas d'agression, grâce à un langage chimique. En somme, qu'ils parlent comme vous et moi !

C'est avéré pour les arbres qui, en cas d'attaque par des herbivores, des parasites ou des chenilles, peuvent envoyer des gaz avertisseurs à leurs congénères afin de les prévenir du danger. Adapté au type de prédateur, le message olfactif permet à la communauté arboricole de préparer la réaction appropriée en produisant des anticorps, des substances toxiques. De là à penser que les végétaux peuvent souffrir, malgré l'absence de système nerveux, quand on les épluche ou qu'on les coupe, il n'y a qu'un pas...

Chers carnivores, ne vous gaussez pas. Dieu seul sait ce que la science nous réserve. Même s'ils peuvent paraître ridicules, mes émois de végétarien sont le fait d'une hypersensibilité mais aussi d'une conception du monde qui consiste à mettre tous les êtres vivants sur le même plan : c'est ce qu'on appelle le panthéisme. *Deus sive natura*, disait Spinoza, mon philosophe préféré (avec Nietzsche). Dieu, c'est-à-dire la nature, autrement dit nous-mêmes, les forêts, les oiseaux, les poissons, les légumes du potager.

C'est une idée qui vient de loin, de l'hindouisme, en passant par l'animisme africain et l'un des plus grands philosophes de l'histoire de l'humanité : Épicure.

11

Épicure, l'anti-épicurien

Entre l'Inde et l'Occident, il y a un double mépris, une double méprise, un choc ancestral des cultures. Sidérale est l'incompréhension entre nos deux mondes qui se prennent de haut, chacun considérant l'autre comme un sous-développé économique ou mental.

L'hindouisme est l'une des plus vieilles religions du monde, sinon la plus vieille, mais beaucoup, en Occident, refusent de la qualifier comme telle, car elle n'a ni fondateur ni hiérarchie. Or, qu'on l'appelle cosmogonie ou transcendance de l'immanence, elle a une conception de la vie, de l'Univers. C'est aussi une manière d'être.

Troisième religion du monde après l'islam et le christianisme, l'hindouisme abrite une foultitude d'écoles de pensée. C'est une religion d'une grande complexité qui enjoint les siens à voir tout le monde en chacun d'entre eux : « Le Brahman sert de demeure à tous les êtres », dit l'Atharva-Véda, le grand texte sacré hindouiste, pour ajouter aussitôt qu'il « demeure en tous les êtres ».

Même si le cas peut se plaider, l'Occident prétend aussi que le bouddhisme n'est pas une religion mais une morale, une philosophie, un modèle de vie. Pour preuve, ses textes fondateurs ne font pas référence à un dieu créateur ni à une âme immortelle. En plus, son explication du monde est « intérieure » : tout se passe en chacun de nous, entre soi et soi. Quant à Bouddha, s'il est honoré dans des temples, c'est comme un « grand homme », un exemple à suivre, pas comme une divinité.

Le bouddhisme est un panthéisme où Dieu est tout et tout est Dieu, le bien, le mal, le vrai, le faux, l'amour, la haine, la bête, l'homme, la part d'ombre, de lumière, etc. L'hindouisme ne voit pas les choses de la même façon. L'un de ses textes fondateurs, l'Advaita Vedanta de Brahma-Siddhi, stipule : « Le Brahman est tout mais tout n'est pas le Brahman. »

Même si elle reste marginale, il y a en Occident une vieille tradition panthéiste, incarnée notamment par Plotin. « Dieu n'est extérieur à aucun être, disait-il, il est en tous les êtres mais ils ne le savent pas. » Au début du premier millénaire, ce philosophe gréco-latin, lointain disciple de Platon, faisait écho à l'hindouisme, notamment aux Upanishad, des textes philosophiques, en nous invitant à mélanger notre ego au cosmos, à l'absolu. Considérables sont les points communs entre la religion indienne et la pensée de ce mystique de l'Antiquité tardive.

S'il fallait garder une seule phrase de Plotin, ce serait cette merveille qui résume bien la vision panthéiste du monde : « Chaque âme est et devient ce qu'elle contemple. » Épicure, Bouddha ou Vyāsa, le « compilateur » du Mahābhārata, auraient pu dire la même chose. Quiconque n'a jamais éprouvé la sensation de devenir ce qu'il regarde ne connaît rien à la vie. Ont cet effet sur nous la mer, le fleuve, l'arbre, le chemin, la fleur, le nuage, l'enfant, le chaton que l'on caresse, la personne que l'on aime. Nous sommes ce que nous voyons. Ou bien ce que nous vivons.

Quand j'étais enfant, j'ai tout été. La chèvre qui se frottait contre moi, avec des expressions provocantes. Le veau qui tétait amoureusement mes doigts. La carpe qui, dans les profondeurs de l'eau, me suivait des yeux pour savoir ce que je trafiquais là-haut, sur la berge. La poule qui, à ma vue, se précipitait sur moi en battant des ailes et qui, dès que je la prenais dans mes bras, se lovait contre mon cou ou à l'ombre de mes aisselles en ronronnant, les plumes vibrant sous l'onde de mes caresses. N'en déplaise aux sinistres fanatiques de l'humanisme, n'y a-t-il pas quelque chose d'abject à manger une poule câline qui s'abandonne en vous ?

Après Bouddha mais avant Plotin, Épicure a ouvert la voie du panthéisme dans notre hémisphère. S'il a été tant dénigré, calomnié, c'est sans doute parce que son Dieu n'était pas un dieu, mais un sous-dieu. Ses contemporains en ont fait un débauché, partouzard et, pour un peu, un tenancier de bordel. Jusqu'à aujourd'hui, sa philosophie a été caricaturée comme une célébration de la jouissance à tout prix, sur fond de bombances et de soûleries, alors qu'au contraire elle prône la sobriété, le plaisir étant selon elle le commencement et la fin de la « vie heureuse ».

À la manière de Bouddha, Épicure nous intime de réfréner nos désirs pour n'avoir pas à souffrir des suites, après que nous les aurons exaucés. « Aucun plaisir n'est en soi un mal », écrit-il avant de préciser : « Il n'est pas possible de vivre de manière agréable, sans vivre de manière prudente, belle et juste. »

Aux yeux d'Épicure, ce n'est pas « l'incessante succession de beuveries et de parties de plaisir » qui rend la vie meilleure. « Les saveurs simples, observe-t-il, apportent un plaisir égal à un régime d'abondance quand on a supprimé toute la souffrance qui résulte du manque. » Décroissant avant l'heure, il défend l'idée d'« autosuffisance ».

Vivant à cheval entre le IVe et le IIIe siècle avant Jésus-Christ, cet autodidacte végétarien a passé une grande partie de son temps à subsister avec presque rien dans son jardin d'Athènes. Parfois, quand il faisait une entorse à son régime, il mangeait un morceau de fromage, son seul luxe. Son école était ouverte à tous, riches ou pauvres, et parmi ses élèves figuraient beaucoup de femmes, notamment des prostituées, des esclaves. Un verre de vin pouvait lui suffire à se sustenter. « Qui ne sait pas se contenter de peu, disait-il, ne sera jamais content de rien. »

Considéré comme l'un des philosophes les plus prolixes de l'Antiquité, Épicure aurait écrit à peu près trois cents rouleaux, autant de livres qu'il demandait à ses disciples d'apprendre par cœur. Son œuvre a ensuite été broyée sous la meule du temps. Aujourd'hui, il n'en reste que des fragments épars et quelques maximes sublimes comme celles-ci :

« Tout homme quitte la vie comme s'il venait à peine de naître. »

« Vénérer le sage est un grand bien pour celui qui le vénère. »

« La richesse de la nature est bornée et facile à atteindre ; mais celle des opinions vides se perd dans l'illimité et elle est difficile à atteindre. »

Nous sommes tous égaux devant la mort mais pas devant la santé. Injustes, les affections frappent à tort et à travers. Malgré sa frugalité, Épicure, pape de la tempérance, souffrait ainsi de lithiase urinaire, qu'on appelait jadis maladie de la pierre à cause des petits cailloux qui, parfois, sortaient lors des mictions. Un trouble généralement provoqué par une nourriture grasse, abondante.

Le type de nourriture que vomissait Épicure. Je l'imagine maigrichon, la peau sur les os, souffrir son martyre et palpiter de bonheur en regardant dormir la mer, s'ouvrir une fleur, danser un papillon, virevolter une mouche, avec le sourire débile des croyants – le mien – cloué sur la bouche du matin au soir. On le décrit souvent comme le père de la philosophie matérialiste, ce qui est faire peu de cas de Leucippe ou Démocrite. S'il est polythéiste et ne croit pas au Dieu anthropomorphique, il a l'intuition, incroyablement moderne, d'un au-delà, d'un infini :

« Les mondes sont illimités en nombre, les uns semblables aux nôtres, les autres dissemblables. »

S'il existe, le Dieu d'Épicure est passif, démissionnaire, j'allais dire inexistant. Comme un employé de chemins de fer parti au petit coin, il a accroché une pancarte sur sa porte : « Reviens de suite. » Mais il y a longtemps qu'il n'est pas repassé ici-bas. Insouciant, il se fiche comme d'une guigne des affaires du monde. Sans doute préfère-t-il voyager d'une galaxie à l'autre. À moins qu'il ne s'échine à compter les planètes...

Épicure fascinait Nietzsche. Claironnant la mort de Dieu, l'auteur du *Gai Savoir*, chef-d'œuvre absolu, célébrait pareillement l'art de la joie alors que, comme lui, il souffrait mille maux. Il y avait chez les deux philosophes une force vitale, un amour de la vie, que rien ne pouvait briser, fors la mort. En tout cas, pas la maladie ni la douleur, fût-elle extrême. Pour apprivoiser cette dernière, Nietzsche lui avait donné un petit nom : « Ma chienne ».

Selon différents témoignages, Nietzsche aurait

été atteint de syphilis, d'un herpès génital géant, de crises de paralysie, de démence vasculaire, d'une dégénérescence lobaire fronto-temporale (FTD). Sans parler des effets à long terme des drogues dont il abusait pour soulager ses maux de tête. Autant de malheurs qui ne l'ont jamais empêché de vibrer devant l'élan vital en action, chez les plantes, les bêtes, les humains. Son œuvre fait du bien.

Même s'il est inclassable, Nietzsche mériterait de figurer au panthéon des panthéistes pour services rendus à la cause des animaux qu'il jugeait moins cruels que les humains. Preuve de la sincérité de ses convictions, il a perdu la raison, à Turin, devant le spectacle d'un cocher en train de fouetter violemment son cheval. Éclatant en sanglots, il s'est précipité sur l'animal, a embrassé sa joue, enlacé son encolure avant de s'effondrer sur la chaussée. Un choc émotionnel qui l'a fait basculer dans le monde des barjots, ce qui ne l'empêcha pas d'avoir encore de bons mots. « Maman, je n'ai pas tué le Christ, note-t-il sur un carnet. C'était déjà fait. »

Sans doute avait-il demandé pardon au cheval, au nom des humains ou des philosophes qui, comme Descartes, prétendaient, contre l'évidence, que les animaux ne souffrent pas. Nietzsche ne recouvra plus jamais ses esprits jusqu'à sa mort, onze ans et demi plus tard, le 25 août 1900.

12

Le regard d'une chèvre

C'est une chèvre qui a changé ma conception du monde. La reine des animaux domestiques, une bête drôle, joueuse, dotée, chose rare chez les herbivores, d'un complexe de supériorité qui l'amène à ne jamais obéir aux humains.

Quand elle est entrée dans ma vie, j'étais déjà acquis au panthéisme. Malgré mon jeune âge, il restait cependant abstrait. Je ne le vivais pas dans ma chair. C'est grâce à cette chèvre que je suis devenu antispéciste : j'ai compris que toutes les espèces, la sienne ou la mienne, se valaient. Elle devint rapidement mon égale, mon alter ego.

L'histoire commence par un coup de foudre pour une chevrette blanche à la tête tachetée de noir, attachée à une chaîne, qui tournicotait en bêlant, près d'un baraquement, dans un verger du bord de Seine, à Saint-Aubin-lès-Elbeuf. Autour de son piquet, il n'y avait plus un brin d'herbe, que de la terre battue. Elle était affolée, comme si elle n'avait rien eu à manger depuis le jour de sa naissance.

J'étais allé lui chercher des brassées de trèfles, de pissenlits, qu'elle avait dévorées. Quand je pris congé d'elle, la chevrette s'époumona comme un chien abandonné. Le lendemain, elle n'était plus là : à sa place, il ne restait que le collier, la chaîne, le piquet. Je compris qu'elle avait été tuée. À l'époque, avant d'abattre les bêtes, on les faisait toujours jeûner, parfois plus que de raison.

Après ça, quand ma mère me demanda ce que je voulais comme cadeau d'anniversaire, je lui répondis : une chèvre. La bête arriva quai d'Orival, le jour de mes sept ans. Elle s'appelait Rosette. Elle avait le regard jaune clair, le poil filasse, une robe marronnasse comme les yeux de maman, des cornes pointues à embrocher les roquets, une expression mutine qui frisait l'insolence. Je l'avais rêvée blanche, mais je fus conquis.

À peine rentré de l'école, je passais la fin de l'après-midi avec ma chèvre et la contemplais en train de brouter ou de ruminer avant de l'emmener se coucher dans sa cabane en bois. Je n'ai jamais autant parlé avec quelqu'un. De toute évidence, elle ne me répondait pas, mais j'avais le sentiment contraire. Je n'ai jamais rien demandé à Dieu qui, dans son ciel, a autre chose à faire qu'écouter nos jérémiades. Mais si j'ai fait des prières ou des vœux, dans ma vie, c'est à cette bête que je les ai adressés. Après nos moments à deux, je me sentais plus fort, quasi indestructible.

Rosette est l'une des personnes à qui je dois

le plus. Elle ne m'avait certes pas enfanté. Mais elle a continué le travail de maman, toujours débordée entre les couches des enfants et ses cours de philo au lycée : elle m'a donné cette confiance en moi qui me manquait tant dans ma petite enfance. Si j'avais été poète, j'aurais dit que ma chèvre était ma muse.

Quel rapport avec Dieu ? C'est très simple : quand elle arriva à la maison, Rosette avait le regard empreint de bonté et de mélancolie des femmes grosses. Quelques semaines plus tard, elle donna naissance à deux chevreaux, une femelle et un mâle, qui formèrent bientôt sous son autorité une petite harde à laquelle je me mêlais souvent, courant les bois, cassant les branches pour grignoter les feuilles, s'arrêtant de temps en temps dans l'herbe pour ruminer tout son soûl.

Trop balourd, je ne pouvais pas me prendre pour une chèvre, animal gracieux par excellence, mais Rosette m'avait appris, lors de nos promenades, à me sentir en harmonie avec elle, avec les siens, avec le monde. Je devenais un rien parmi d'autres, mélangé au grand tout, et découvrais cette vérité qui allait changer ma vie : un humain est un animal comme les autres.

Il a beau faire le mirliflore, lever la crête, se dresser sur ses ergots, se tapisser la poitrine de décorations, péter plus haut que son cul, travailler à sa postérité, l'homme n'en est pas moins bête. Rien qu'avec son regard, Rosette me remettait à ma place. À ses yeux, je n'avais pas plus d'importance qu'elle. Grâce à quoi je me suis trouvé bien avant d'arriver à l'âge où l'on se cherche.

« Que vous racontez-vous pendant les heures que vous passez ensemble ? » me demandait-on souvent.

Ce qu'il y a de bien avec la faune et la flore, c'est qu'il n'est nul besoin de se parler pour se comprendre. Elles ne nous transmettent pas des phrases mais des émotions. La foi, la peur, la béatitude. À l'époque, j'étais convaincu que ma chèvre était croyante. Si Dieu existait, c'était pour tout le monde, d'abord pour les plus faibles, c'est-à-dire les animaux.

Avec elle, j'ai souvent rencontré Dieu, notamment quand je faisais la sieste, la tête sur son torse. Ou bien quand je regardais la Seine couler pendant qu'elle mâchonnait les pissenlits. J'éprouvais les mêmes sensations que la première fois, avec ma mère : une plénitude extrême qui me bouffissait comme un boyau de bœuf au bord de l'éclatement.

Je n'avais pas peur de me vider de moi-même pour me remplir de Dieu. C'est grâce à Rosette que je me suis toujours senti de plain-pied avec les chèvres, les chats, les herbes, les gens, les vaches, les lapins, les enfants, les chiens, les grands de ce monde. C'est grâce à elle qu'enfant, je suis devenu antispéciste sans le savoir. Avant de lire *La Libération animale* de Peter Singer, j'avais compris que la grande erreur de l'homme, en tout cas de l'homme occidental, était de se considérer comme au-dessus des autres espèces prétendument créées pour son seul usage personnel.

L'homme occidental a cru ce qu'il a lu dans les livres sacrés des religions à un seul Dieu, la Bible et le Coran, qui mettent les animaux plus bas que terre. Ni l'Asie, ni l'Afrique, ni l'Amérique, du moins jusqu'à l'extermination des Amérindiens, ne sont tombées dans cet ethnocentrisme qui se prétend humaniste. Même si, au cours des siècles, ces continents ont pu être à la remorque sur le plan économique ou technologique, ils ont toujours été en avance sur nous, de beaucoup, dans le domaine spirituel. Ils n'ont pas eu besoin de grandes catastrophes écologiques pour découvrir que, comme l'a dit le grand chef sioux Sitting Bull, « la terre n'appartient pas à l'homme, c'est l'homme qui appartient à la terre ».

Notre hypertrophie du nombril ou, si vous préférez, du « Moi humain », nous a bouché la vue sur le monde. Elle nous a empêchés d'approcher Dieu, de le toucher et d'être en sympathie avec lui, c'est-à-dire vous, nous, tous les autres.

13

François d'Assise, saint et voyou

Si la chrétienté avait écouté saint François d'Assise et mis dans sa foi un peu d'hindouisme, de bouddhisme, de panthéisme, elle n'en serait pas où elle en est, en fin de vie, larguée par le siècle, l'islam, l'évangélisme.

Quand il fut élu pape, le 13 mars 2013, le jésuite Jorge Mario Bergoglio avait soulevé beaucoup d'espoirs en prenant le nom du grand saint d'Assise et en demandant avec humilité au peuple en liesse rassemblé place Saint-Pierre, au Vatican, qu'il le « bénisse ». Avec ma naïveté habituelle, je pleurai de joie.

Autant vous dire que j'ai vite déchanté : pour ne troubler la digestion de personne, surtout pas la sienne, Jorge Mario Bergoglio n'a mis en pratique aucune des idées de saint François d'Assise. Couleuvre de sacristie, le souverain pontife s'est contenté de faire de la politique politicienne, à l'ancienne, sans prendre de risque.

Il incarne une Église d'Amérique latine qui, sous l'emprise d'un conformisme pépère, a laissé les évangélistes déferler sur le Brésil, le Mexique, le Chili et cetera. Quand elle parle, elle ne dit rien : sa logorrhée catéchistique n'est plus qu'un bruit de fond, étouffé par les clameurs du monde.

La moindre de ses fautes ne fut pas de recevoir un jour en grande pompe Erdogan, le président turc, pour condamner avec lui « l'islamophobie » et contester la décision américaine de reconnaître Jérusalem comme capitale d'Israël. Sans oser dire un seul mot sur les massacres de Kurdes de Syrie, perpétrés au même moment par l'armée de son sinistre visiteur. Les Kurdes auront finalement eu aussi peu de chance avec lui que les chrétiens d'Orient, une autre minorité que François a toujours badée, Dieu sait pourquoi.

Il ne fallait pas rêver : entre un jésuite et un franciscain, il y a à peu près autant de points communs qu'entre l'eau et le feu. L'un sinue, quitte à se perdre en conjectures. L'autre fonce, mené par l'esprit d'enfance.

Poétique et rustique, saint François d'Assise avait des millénaires d'avance sur les bonnets de nuit et les clercs au souffle court qui emmènent l'Église dans le mur en aspergeant les fidèles d'une eau qui, si elle est bénite, fait le même effet que les rayons d'un soleil d'hiver. Comme les condamnés à mort en route pour le châtiment, ils ont toujours le pas lent, le sourire triste.

Je n'ai pas rencontré Dieu à Assise, dans l'orageuse et ombrageuse Ombrie, où je me suis rendu naguère dans une sorte de pèlerinage. Inspirante est pourtant la basilique, musée religieux où repose le petit corps frêle de saint François, non loin des sublimes fresques de Giotto et de Cimabue. Sans doute la ville est-elle trop propre, trop astiquée, trop touristique.

Inutile d'y chercher Dieu ; il y a très longtemps qu'il est parti s'il est jamais venu. Rien ne dit qu'il inspira vraiment François d'Assise, personnage bien plus complexe qu'on l'a dit et qui semble mû par sa propre force intérieure. Il n'a besoin de personne. Calculateur cauteleux, pasticheur avéré, un brin jobard, il est aussi d'une sincérité absolue, d'un courage sans nom, avec de vraies fulgurances : c'est l'un des plus grands génies de tous les temps.

*

Qui était le « Poverello », le « Pauvre d'Assise », saint le plus populaire de l'histoire de la chrétienté ? Plus on lit les biographies, innombrables, qui le portraiturent sous tous les angles, moins on a le sentiment de le connaître.

Son père étant en voyage d'affaires au moment de sa naissance, sa mère, une femme pieuse, d'origine provençale, prend l'initiative de l'appeler Giovanni di Pietro Bernardone. Mauvaise pioche. Sans doute en hommage à la France d'où il rentrait, le maître de maison lui donne un nouveau prénom qui lui restera : Francesco.

Fabricant et marchand de draps, d'étoffes, son père, personnage autoritaire, possède des terres et un patrimoine immobilier qui lui rapportent, en plus du reste, de confortables revenus. Comblé d'amour maternel, Francesco di Pietro Bernardone mène grand train, s'habille comme un prince, rêve d'être anobli et, écrira-t-il plus tard dans son *Testament*, se ventrouille « dans les péchés », quand arrive l'illumination.

Édifiante, son histoire aurait pu être inventée par un conseiller en communication, as du « storytelling » : François y joue le rôle du jeune homme de la parabole biblique qui, d'après l'Évangile selon saint Matthieu, se fait dire par Jésus : « Si tu veux être parfait, va, vends ce que tu possèdes, donne-le aux pauvres, et tu auras un trésor dans le ciel. Puis viens et suis-moi. »

Chez François, tout est pensé, étudié. Contrairement à tant de saints ou prophètes, il ne « s'éveillera » pas sur un coup de tête mais au terme d'un processus assez long, comme s'il avait hésité un temps à rompre avec le faste, l'argent familial. La légende raconte qu'avant de sortir du monde, comme il dit, le futur saint a éprouvé trois grands chocs qui ont fini par provoquer sa « conversion ».

D'abord, en pèlerinage à Rome, il est révolté par la pingrerie des visiteurs qui laissent de misérables oboles devant le tombeau de saint Pierre. En réaction, il jette en offrande sa bourse pleine de florins et, à la sortie de la basilique, échange ses habits avec les hardes d'un gueux avant de mendier à sa place sur le parvis.

Ensuite, revenu à Assise pour prier dans sa grotte et dans l'église Saint-Damien, ses lieux préférés pour cette activité, il a la vision d'une affreuse bossue qu'il a souvent croisée au village : cette image du malheur physique l'amène naturellement vers Dieu.

Enfin, toujours dans le même esprit, il va un jour à la rencontre des lépreux. De pauvres hères, frappés d'une sorte de malédiction divine, qui incarnent à l'époque la lie de l'humanité. Ils vivotent au pied des remparts de la petite cité et, chaque fois qu'ils se déplacent, tournent leur crécelle pour faire fuir les gens « sains ».

Le gosse de riche n'a pas peur de s'approcher des lépreux. Il leur « fait miséricorde » et n'hésite pas à les embrasser. De ce contact avec l'exclusion, il sort transfiguré. Si l'on en croit son *Testament*, ce geste de charité est un acte fondateur pour François d'Assise. La construction du mythe commence là ; ensuite, l'aura ne fera que grandir, dans la pénitence, la mortification, le mépris de soi, le futur saint préfigurant les grands mystiques comme Maître Eckhart ou Simone Weil pour qui il ne faut rien posséder si l'on veut posséder tout.

La « révélation » de François en rappelle furieusement une autre. L'archéologue Salomon

Reinach, Pic de la Mirandole du XXe siècle, spécialiste de l'histoire laïque des religions, a mis au jour les similitudes entre Bouddha et François d'Assise. Elles sont frappantes mais il est vrai que l'hérésie cathare, alors populaire en Lombardie, dans les Marches, jusqu'à Assise, empruntait déjà beaucoup au bouddhisme. François a suivi le mouvement ; il l'a même amplifié.

Dans les légendes orientales, le prince Siddharta, futur Bouddha, heureux en ménage, vit dans l'opulence et la félicité jusqu'à ce que trois visions, au gré de ses déplacements, l'ébranlent en lui montrant l'extrême fragilité du bonheur sur cette terre : un vieillard, un lépreux, un cadavre mangé par les vers. Des visions qui provoquent « l'éveil » du prophète indien, sa décision de renoncer au luxe et de prendre la route pour enseigner au monde comment vivre sans souffrir. Il n'y a pas à tortiller, la « conversion » de François, telle que la racontent ses hagiographes, est un plagiat de celle de Bouddha.

Certes, les religions se copient les unes les autres. Aucune n'est un monde en soi, isolé du reste de l'Univers. Il y a des mots hindous dans la Bible et, apparemment, des réminiscences bouddhistes dans le Nouvel Évangile. Au cours du premier millénaire, relève Salomon Reinach, la vie de Bouddha avait déjà inspiré à la chrétienté l'histoire du prince Josaphat, fêté jadis le 27 novembre dans le calendrier des saints catholiques.

Saint Josaphat ressemble tellement à l'original bouddhiste que l'on est en droit de se demander s'il ne s'agit pas d'un simple avatar du prophète indien, à moins qu'il ne soit lui-même en personne : comme lui, il a décidé de quitter sa vie facile et d'aller porter la bonne parole après avoir vu, dans l'ordre, un lépreux, un vieillard, un aveugle (et non pas un cadavre, c'est la seule différence avec Bouddha). L'islam a adapté à son tour sa propre version du personnage et le manichéisme, religion disparue, ne fut pas en reste, qui s'inspira aussi de la philosophie de l'« Éveillé ».

Malgré les ressemblances, ce serait un grand tort de confondre François et Bouddha. Avec le premier, nous sommes toujours loin de la tranquillité bonasse et souriante du second. Le Poverello est un personnage effusant, intranquille, qui ne cesse de provoquer, sans oublier de se border, de se couvrir. Un iconoclaste machiavélique, pardonnez l'anachronisme.

Après avoir longtemps supporté les frasques de son fils qui jetait l'argent par les fenêtres, le père écume quand il apprend que, pour restaurer l'église Saint-Damien, François est allé vendre un cheval et des draps au village proche de Foglio. Il porte plainte auprès des autorités locales qui le déboutent, avant qu'il aille réclamer justice auprès de l'évêque qui prend le Poverello sous sa protection. Désormais, le futur saint, retranché de la société, peut se mettre au service de l'Église.

Rejeté par sa famille, François assure sa pitance en travaillant dans une abbaye bénédictine puis dans une léproserie de la région avant de passer une partie de ses journées à mendier dans les rues d'Assise, et l'autre à retaper Saint-Damien ou la petite église délabrée Sainte-Marie-des-Anges dite de la Portioncule qui deviendra un jour son quartier général. C'est un ermite laïc, vivant de peu, qui prétend diffuser, dans le dénuement, la parole de Dieu que le clergé était censé transmettre. Il y a là quelque chose de très sulfureux : en ce temps-là, l'Inquisition veillait et l'idéologie de la pauvreté volontaire pouvait vous conduire vitement au bûcher.

La démarche fait penser à celle d'un autre gibier de fagot, Pierre Valdo ou Valdès (1140-1217). Un riche marchand qui a décidé, un jour, de vendre tous ses biens pour se consacrer aux miséreux en lançant son mouvement des « pauvres de Lyon » qui essaima dans les Alpes jusqu'en Provence. Une « hérésie » longtemps persécutée par l'Église, jusqu'à la « purification » religieuse, autrement dit l'extermination des vaudois, perpétrée sur ordre du roi François Ier et du pape Paul III, né Alexandre Farnèse, qui culmine en 1545 avec le massacre de Mérindol, dans le Luberon, un village martyr entièrement détruit.

Pour ne rien arranger, François d'Assise est tenté par le panthéisme. Un panthéisme fruste, sensoriel car cet homme est un mystique, pas un philosophe ni un intellectuel. Sans doute croit-il en Dieu, ce qui devrait le ranger parmi les théistes. Mais dire comme lui que les bêtes sont nos sœurs et nos frères, c'est sortir et même s'éloigner des clous de l'orthodoxie chrétienne. C'est même jouer avec le feu, si j'ose dire. Certains ont été rattrapés pour moins que ça par les tenailles des inquisiteurs.

Sauf que François était un petit malin, un patelineur et un embrouilleur capable de se sortir des situations les plus délicates.

14

Le ravi de la crèche

Le jaïnisme indien fut l'un des premiers antis-pécismes, qui interdisait de tuer tous les animaux, y compris les puces, les mouches, les sauterelles.

Comme l'hindouisme et le bouddhisme, le jaïnisme considère que le monde, incréé, n'a ni commencement ni fin. À ses yeux, toute vie est sacrée et il pousse ce principe de non-violence jusque dans un régime alimentaire à base de céréales et de pois chiches.

Lors d'un voyage en Inde, un jaïn polyglotte m'avait initié à la cuisine, au demeurant excel-lente, de cette religion qui met à l'index la viande, le poisson, les œufs, le miel mais aussi, contrairement au véganisme, tous les légumes-racines que l'on risque de blesser ou de trau-matiser en les déterrant : l'ail, les oignons, les betteraves, les pommes de terre, etc.

N'allant pas jusqu'aux extrémités du jaïnisme, François d'Assise se contentait de mettre les humains et les animaux sur un pied d'égalité. Refusant les différences entre les uns et les autres, il faisait aussi de l'antispécisme avant l'heure, sentiment répandu depuis la nuit des temps : chez tout humain doué d'un minimum de sensibilité, c'est un comportement qui va de soi.

J'ai connu un Autrichien végétarien qui parlait aux poissons. Il entrait dans un lac et, quand l'eau lui arrivait au nombril, il la remuait pour appeler les poissons qui venaient en masse, apparemment pour jouer. Je me souviens des paysans de mon enfance qui racontaient leur vie aux vaches pendant la traite : gratifiées de prénoms féminins, elles avaient droit à un câlin puis à un baiser sur la joue quand elles partaient « au couteau », c'est-à-dire à l'abattoir.

En 1973, Brigitte Bardot jouait le premier rôle d'un mauvais film en costumes quand une figurante qui tenait une chèvre par une corde lui annonça qu'elle avait hâte que le tournage se termine pour pouvoir manger sa bête en méchoui. Horreur et damnation. L'actrice acheta illico la chèvre et, le soir même, dormit avec elle dans le lit de l'hôtel cinq étoiles que lui avait réservé la production. Après ça, elle quitta le cinéma avant de devenir, à travers sa Fondation, la Vierge Marie salvatrice des animaux, toujours en colère, la clope au bec, un verre de rosé à la main. La Madelon des damnés de la terre, la Mère Teresa des bêtes, leur porte-bonheur.

Qu'ont en commun des antispécistes aussi différents que François d'Assise, Brigitte Bardot,

Arthur Schopenhauer ou George Bernard Shaw ? L'humilité, l'effroi, la pitié. Aucun des quatre ne se sent supérieur aux animaux qui, pour eux, sont des humains comme les autres, de vagues cousins, plus ou moins vifs, parfois stupides. Avec les bêtes, ils ont la même complicité ; ils n'ont pas besoin de se parler pour se comprendre ; il leur suffit de se regarder.

Je me suis rendu à plusieurs reprises chez Brigitte Bardot et son mari, à Saint-Tropez. La Garrigue, sa résidence de jour, est comme une Arche de Noé qui surplombe la mer et où cohabitent toutes sortes d'animaux : porcs, chèvres, moutons, chevaux, poules, chiens, chats, les deux dernières espèces étant très présentes à La Madrague, la maison principale, sur laquelle les vagues de la Méditerranée viennent expirer. Dans le jardin, les animaux de compagnie ont droit à des tombes fleuries ornées d'une croix de bois. Les murs du salon sont couverts de photos encadrées, non pas de proches ni de célébrités du show-business, mais de toutes les bêtes qui ont marqué sa vie. Ça ne me fait pas rire : c'est de l'antispécisme appliqué.

Apôtre des religions indienne ou chinoise, le philosophe allemand Arthur Schopenhauer est épouvanté par le spectacle de la nature qui abandonne les animaux « non seulement à l'avidité du plus fort mais au hasard le plus aveugle, à l'humeur du premier imbécile qui passe, à la méchanceté de l'enfant ». Or, selon lui, ils « sont principalement et essentiellement la même chose que nous ». Pour preuve, à sa mort, il lègue une partie de sa fortune à son chien. Mais pour être antispéciste, l'auteur du *Monde comme volonté et comme représentation* n'en est pas moins resté carnivore, même s'il plaidait pour l'insensibilisation (au chloroforme !) des bêtes d'abattoir.

À l'adresse des viandards aux lèvres luisantes de graisse et de sang, l'écrivain irlandais George Bernard Shaw, mauvais esprit et grand militant végétarien, a trouvé la phrase qui fait mouche : « Les animaux sont mes amis et… je ne mange pas mes amis. » Formule antispéciste s'il en est. Traitant les mangeurs de chair de cannibales, il dit qu'ils sont « des tombes vivantes de bêtes assassinées ». Enfouissez un gland sous terre, raille-t-il, un chêne en sortira ; enterrez un gigot de mouton, vous verrez le résultat.

François d'Assise fait de l'antispécisme sans le savoir quand, repérant des lombrics que la pluie a fait sortir de terre et qui errent sur les chemins où ils risquent de se faire écraser, il les prend entre ses deux doigts et les pose délicatement sur l'herbe. C'est ce que je fais moi-même. Compassion élémentaire, dira-t-on. Mais le Poverello sort des sentiers battus de la chrétienté quand il parle à ses sœurs les fleurs ou à ses frères les animaux dont ses hagiographes prennent soin de préciser, pour ne pas avoir d'ennuis, qu'ils sont dénués de raison. Ah bon ? En ce cas, pourquoi s'adresse-t-il à eux et comment peuvent-ils comprendre ce qu'il leur dit ?

Un jour, dans son célèbre sermon aux oiseaux, François célèbre leur condition : « De toutes les créatures de Dieu, c'est vous qui avez meilleure grâce. » « Vous n'avez ni à semer ni à moissonner, explique-t-il, il vous donne le vivre et le couvert sans que vous ayez à vous en inquiéter. » Les bêtes, qui l'écoutent, allongent leur cou et battent des ailes en signe de joie.

Un autre jour, François semonce le loup de Gubbio, terreur des humains et des moutons : « Tu as commis de très grands méfaits, blessant et tuant sans sa permission les créatures de Dieu. » Sur quoi, il propose un pacte à l'animal qui l'accepte en lui donnant sa patte : s'il n'attaque plus personne, la population le nourrira jusqu'à la fin de sa vie. La légende dit que l'animal mourut de vieillesse.

À la fois chaman, magicien, innocent du village, François chante sans cesse la nature, exhortant « les moissons et les vignes, les pierres et les forêts, et tout ce qui fait la beauté des champs, l'eau courante des fontaines et la verdure des jardins, la terre et le feu, l'air et le vent à aimer Dieu et à mettre leur plaisir à lui obéir ».

N'est-il pas trop panthéiste pour être un bon catholique ? Thomas de Celano, l'un des historiens officiels des premiers franciscains, croit bon de commenter : « Il n'était pas un simple d'esprit, mais il avait la grâce de la simplicité. » Contrairement à tant d'autres illuminés de la foi, François qui est d'abord un manuel, donc un réaliste, a conscience d'enfreindre les tabous et de se mettre en danger. Il ne cesse donc jamais de se prémunir contre d'éventuelles menaces en se réfugiant à l'ombre du Christ. Édifiante est, de ce point de vue, la lecture des *Fioretti*, recueil d'anecdotes sur le saint d'Assise, écrit un siècle après sa mort. Quelques faits semblent inventés ; d'autres sont avérés.

Les prophètes s'imitent les uns les autres. De même que Mahomet est un décalque de Moïse qu'il a imité sans vergogne, saint François d'Assise est un pastiche du Christ mâtiné de Bouddha. Pour preuve, les *Fioretti* commencent par ces mots : « Comme le Christ, au début de sa prédication, appela douze apôtres à mépriser tout ce qui est du monde et à le suivre en pauvreté et dans les autres vertus, ainsi saint François, au début de son ordre, choisit douze compagnons qui embrassèrent la très haute pauvreté. »

Ensuite, les similitudes entre les uns et les autres s'enchaînent : « L'un d'eux fut ravi jusqu'au troisième ciel, comme saint Paul, et celuilà fut frère Gilles ; un autre, frère Lelong, fut touché aux lèvres par l'ange du charbon ardent, comme le prophète Isaïe ; un autre, frère Sylvestre, parlait à Dieu comme un ami à son ami, à la manière de Moïse. » Sans oublier son Judas à lui, Jean de la Chapelle, qui se pendit après son apostasie.

Quand la mort commence à tourner autour de lui et qu'il en ressent les premières morsures, François entreprend de sanctuariser son ordre des Frères mineurs, l'œuvre de sa vie, dont le culte de la pauvreté volontaire rappelle celui des moines bouddhistes. Au Saint-Siège, il a plusieurs ennemis et quelques soutiens mais, depuis le décès du cardinal Jean de Saint-Paul, il lui manque un grand protecteur dans l'Église. C'est probablement pour préserver son héritage à ses yeux menacé qu'il pousse au paroxysme son mimétisme avec le Christ.

Deux ans avant de mourir, alors que François, dépassé par le développement de son ordre, est parti en retraite, loin de tout, sur le mont Alverne en Toscane, voilà que lui apparaît un séraphin à six ailes, ce qui se fait de mieux au royaume des anges, les mains et les pieds cloués à une croix, comme le Christ. C'est à ce moment-là que surgissent les stigmates sur le petit corps chétif du Poverello. Il devient ainsi, après le Christ, la première personne « stigmatisée » de l'histoire de la chrétienté.

Miracle ou entourloupe ? De grâce, ne vous moquez pas : c'est un coup de génie, de surcroît pour la bonne cause. Après l'apparition du mont Alverne, François ne fait pas état des plaies saignantes que frère Léon aurait été le seul à avoir vues et qui seront d'une grande utilité pour assurer, le moment venu, la canonisation du

fondateur et la pérennisation de l'ordre franciscain. Si les stigmates n'avaient pas existé, il aurait
fallu les inventer, tant leurs effets seront béné-
fiques pour la suite.

*

François meurt dans la nuit du 3 au 4 octobre
1226, après avoir été déposé, à sa demande, à
même le sol, couvert de cendres et vêtu d'un cilice,
une tunique en étoffe inconfortable, souvent de
crin, parfois garnie de pointes de fer, pour morti-
fier la chair. Le bonheur des ascètes qui ne sont
jamais plus heureux qu'en se faisant du mal. N'en
déplaise aux sceptiques, les stigmates sont rapidement avérés. Croyant à une supercherie, Girolamo
di Giovanni, juge d'Assise, fait arrêter le cortège
funéraire et ouvrir le cercueil pour vérifier les
plaies. Il en est pour ses frais.

Un an après la mort du saint est élu un nouveau
souverain pontife, Grégoire IX, un homme érudit
qui appréciait François d'Assise. Ce n'est pas un
moderne. Il sera par exemple l'auteur d'une bulle
papale contre les sorcières, qui établit que le chat
et le crapaud sont des créatures du diable. Mais il a
compris la puissance du franciscanisme, son énergie, ses promesses. Pour récupérer l'ordre et le
mettre au service de l'Église, il fait canoniser sans
tarder le Poverello.

C'est ainsi que le franciscanisme a été dissous
dans l'Église romaine et son ordre, normalisé.

Du beau travail. Avec ses penchants bouddhistes, panthéistes, cosmogoniques, François
aurait pu finir comme hérétique sur un bûcher.
Au lieu de ça, il est devenu l'un des piliers les
plus solides de la chrétienté, tant est universel
le message d'amour que nous transmet chaque
pierre des monuments d'Assise érigés à sa
gloire.

Il se dégage une gaieté blanche, solaire, de
l'église de la Portioncule où tout a commencé
et de la basilique Saint-François où il est enterré.
Après les avoir visitées, nul ne peut douter qu'il
n'est de riches que les joyeux, les heureux.

Les autres, fussent-ils bourgeois, crésus, plou-
tocrates, seront toujours pauvres s'ils n'arrivent
pas à sourire à leur prochain. La pire des pau-
vretés est celle de l'âme, quand tout devient obs-
cur autour de vous et que vous refusez l'amour
du monde : elle vous gâche la vie et peut vous
tuer plus vite encore que la misère. Tout est
supportable, y compris l'indigence, dès lors qu'il
y a une lueur au bout.

Par pitié, ne vous méprenez pas. Je sais qu'il
est toujours plus facile de célébrer la pauvreté
de biens que de la vivre dans sa chair. Mais,
comme dirait le Poverello, elle vaudra toujours
mieux que les chagrins de l'âme. C'est la leçon
que j'ai cru tirer d'un séjour printanier, sous un
ciel noir, où j'ai écouté les murs, les arbres, les
oiseaux de la ville de saint François d'Assise.

Mais n'est-ce pas rapetisser François que de le

présenter comme un saint ? Roublard et inspiré, il a été bien plus que cela : un des grands prophètes de l'histoire de l'humanité, le lien entre les deux hémisphères, la synthèse entre l'Asie et le judéo-christianisme. Son message finira un jour par remettre le genre humain à sa place dans le monde des vivants : au cœur, pas au-dessus.

15

Nous ne sommes plus au centre du monde

Jusqu'au XVIIᵉ siècle, l'humanité s'est crue au centre du monde. À ses yeux, tout était d'une simplicité, si j'ose dire, biblique : il y avait nous et il y avait Dieu dans son ciel.

S'il y a bien une preuve que le ciel et Dieu ne font qu'un, c'est que les humains se sont beaucoup écharpés à son propos, pardon, à leur propos. Les deux ont rempli les siècles de fureur, de polémiques tonitruantes.

L'Église, rejointe par l'islam, se cantonne longtemps à la ligne fixée par Aristote et Ptolémée : la Terre est immobile, au centre d'un monde fini, et tout le reste tourne autour d'elle. Les saisons, le jour, la nuit sont les résultats de mouvements extérieurs. C'est ce qu'on appelle le géocentrisme, sorte d'égotisme cosmologique né dans l'Antiquité, qui tint lieu de doxa pendant au moins deux millénaires.

Arrive Nicolas Copernic. Chanoine, médecin, astronome, curieux de tout, ce Polonais à l'allure austère met à bas la théorie aristotélicienne qu'il remplace par l'héliocentrisme : selon lui, notre

Terre est une planète et elle tourne autour du Soleil qui est au centre de l'Univers. Conscient que sa découverte est révolutionnaire, il la répand à bas bruit, presque subrepticement. Pendant trente-six ans, selon ses propres dires, il veille à la maintenir dans de petits cercles fermés, de crainte de représailles scientifiques ou papales.

Le chanoine de la cathédrale de Frauenburg a déjà assez de problèmes avec l'Église catholique qui lui reproche d'être sensible au discours luthérien et d'entretenir une maîtresse, en contradiction avec son vœu de chasteté. La suite va montrer qu'il a bien fait d'écouter son instinct qui lui dictait la prudence. Quand Copernic décède d'une hémorragie cérébrale, en 1543, ses théories ne sont encore débattues qu'entre les spécialistes. Il réserve à la postérité sa bombe à fragmentation : *Des révolutions des sphères célestes,* un traité dont il avait entre les mains, dit la légende, l'un des premiers exemplaires sortis de l'imprimerie avant de pousser son dernier soupir.

C'est avec ce traité quasiment posthume qu'éclatera la révolution copernicienne, l'un des grands séismes de la pensée. Politique, le chanoine polonais avait pris soin de le dédier au pape Paul III (Alexandre Farnèse), célèbre pour avoir condamné dans la bulle pontificale « Sublimis Deus » l'esclavage des Indiens « ou de tout autre peuple ».

Las ! En 1616, Paul III fait mettre l'ouvrage à l'Index. Mais il est vrai qu'entre-temps, l'œuvre de Copernic a fait des petits et des émules qui bataillent au grand jour pour faire avancer leur cause : rien ne semble pouvoir les arrêter.

Le moindre d'entre eux n'est pas Johannes Kepler. Génie allemand, passionné du ciel, ce luthérien à l'allure de croque-mort est l'auteur d'avancées décisives qui confirment et complètent les intuitions de Copernic. Il fera graver sur sa tombe : « Je mesurais les cieux. Je mesure maintenant les ombres de la Terre. L'esprit était céleste. Ici gît l'ombre du corps. »

Johannes Kepler n'aime pas l'idée que la mort le prive de ce ciel où il a habité tant de nuits pour y vivre de grandes heures. Mais il ignore qu'il sera traité plus bas que terre : peu après son enterrement à Ratisbonne, en 1630, sa sépulture est détruite par l'armée suédoise, pendant la guerre de Trente Ans. Quant à ses ossements, ils sont jetés dans la fosse commune.

C'est ainsi que l'espèce humaine procède souvent avec ses grands génies. Enfant prématuré et malingre, frappé par la petite vérole, Johannes Kepler qui se pique aussi d'astrologie est, dans la foulée de Copernic, l'auteur de plusieurs découvertes fondamentales. Signant l'arrêt de mort du géocentrisme, scientifiquement s'entend, il établit de façon définitive que les planètes tournent autour du Soleil en suivant des trajectoires en ellipse et non pas en cercle parfait.

C'est ce qu'on appelle les lois de Kepler. Il a émis aussi, entre autres, l'hypothèse de la rotation du Soleil sur son axe. Reconnaissance suprême, son nom sera donné à un télescope lancé en 2009 par l'agence spatiale américaine (NASA) pour repérer des exoplanètes, autrement dit des planètes susceptibles d'héberger de la vie. Leurs caractéristiques : il faut qu'elles soient rocheuses et dotées d'une atmosphère maintenant la température à un niveau stable ; il faut aussi qu'elles gravitent à une bonne distance de leur soleil, ni trop proches ni trop éloignées, afin que le climat permette à l'eau, ferment de vie, de rester liquide.

En recherchant les exoplanètes, le télescope Kepler a engrangé une abondante moisson. La Voie lactée compte quelque 200 milliards d'étoiles dont 20 % environ sont pourvues de planètes qui gravitent autour d'elles. Et parfois, parmi ces planètes, on trouve l'équivalent de notre Terre habitable. Les chiffres donnent le tournis : les premiers calculs ont établi qu'il y aurait au moins 9 milliards d'exoplanètes dans l'Univers. Mais les estimations ne cessent d'augmenter...

Encore un mauvais coup porté aux religions, dira-t-on : notre planète n'est pas toute seule dans l'Univers et le ciel regorge de vies potentielles. N'est-il pas temps de réécrire la Bible, le Coran ? Cette découverte, on n'a pas fini d'en mesurer les conséquences. Elle nous remet aussi à notre place : nous ne sommes plus le centre de l'Univers, le nombril du cosmos, mais un rien dans le grand tout, un « néant à l'égard de l'infini », comme disait Blaise Pascal.

16

La sainte colère de Galilée

Quand j'étais enfant et que mon regard creusait le ciel étoilé, je n'aurais jamais imaginé que la science établirait un jour ce que nous étions beaucoup à pressentir, depuis la nuit des temps : il y a une présence là-haut, dans ce scintillement éternel. La présence de Dieu, d'autres mondes, d'un grouillement de vie.

Devant l'extraordinaire spectacle des milliards d'yeux de l'infini, nous effleurons la vérité du monde, autrement dit son immensité face à notre petitesse. Le narcissisme de notre espèce l'a longtemps conduite à penser qu'elle seule regardait l'Univers. Aujourd'hui, la science nous dit que l'Univers nous regarde aussi.

Le ciel inspirait de sombres pensées à Charles Baudelaire qui le voyait « triste et beau comme un grand reposoir ». Maman, papa, mes sœurs, mes frères et moi, il nous exaltait. À l'âge où l'on croit que tout est possible et que le monde vous appartient, j'avais envie de m'élancer et de nager dedans. Comme disent les plaisantins,

« quel dommage qu'on ne puisse y aller qu'en corbillard ! ».

C'est de l'humour juif que la réalité pourrait bientôt rendre obsolète, la science ne cessant de faire reculer les frontières du cosmos. Un homme a joué un rôle décisif dans les avancées de l'astronomie : Galilée (Galileo Galilei en italien). Si je n'ai pas encore parlé de lui, c'est que, chronologiquement, il est arrivé après Copernic et Kepler.

Tête brûlée et touche-à-tout scientifique, ce matérialiste est, entre une découverte et deux inventions, l'un des contempteurs les plus résolus du géocentrisme, doctrine ridicule mais officielle de l'Église apostolique et romaine. Il a quarante-quatre ans quand les autorités ecclésiastiques conservatrices, en guerre contre les thèses coperniciennes, entament contre lui, l'année de la mort de Kepler, une campagne qui ira crescendo, jusqu'au déchaînement final. Sûr d'avoir raison, il tient tête à ses adversaires avec un cran non dénué de rouerie et de colère, une sainte colère.

À tous les théologiens convaincus que la Terre est immobile et le ciel mobile, Galileo Galilei répond, ironique, en citant saint Jérôme : « Il est de nombreux passages de l'Écriture qui doivent être interprétés selon les idées du temps et non selon la vérité même des choses. » Il appelle aussi à la rescousse les grands philosophes de l'Antiquité qui n'ont pas sombré dans le géocentrisme aristotélicien : Pythagore, Platon, Héraclite. Il ne lâche pas l'affaire.

Convoqué une première fois en 1616, à la demande du pape Paul V, devant le Saint-Office de l'Inquisition, Galileo Galilei s'en sort plus que bien : le tribunal l'invite à présenter sa thèse comme une simple hypothèse qui, étant contraire aux Saintes Écritures, ne peut être enseignée. Mais il ne s'en tient pas là. Après ce jugement, il devient peu à peu le porte-parole de tous ceux qui, à Rome ou à Florence, ne supportent pas la chape de plomb que les jésuites, alors totalitaires, font peser sur la question. À mesure que ses idées progressent dans les têtes, les attaques redoublent contre lui.

À partir de 1623, Galileo Galilei croit pouvoir compter sur un atout majeur : son amitié avec le nouveau pape, Urbain VIII, qui l'a toujours soutenu, ce qui ne vaut pas absolution, loin de là, le souverain pontife étant souvent accusé de complaisance envers les hérétiques, notamment par les jésuites et une grande partie de l'influente Église espagnole.

S'il a le pape dans la poche, c'est le moment, c'est l'instant : Galileo Galilei décide d'en finir avec ses ennemis géocentristes en publiant un pamphlet où il les ridiculise avec alacrité, *Dialogue sur les deux grands systèmes du monde*. Pour cet ouvrage à la gloire de la révolution copernicienne, il obtient l'imprimatur de l'Église en lui présentant une version tronquée, ce qui mettra son ami Urbain VIII en porte à faux. Blessé et « trompé », selon sa propre expression, le pape aurait bien aimé arranger ses affaires en douce, mais son remuant ami est à nouveau convoqué en 1633 par le tribunal du Saint-Office pour des interrogatoires qui seront étalés sur plusieurs mois.

Accusé de matérialisme et d'hérésie, Galileo Galilei est finalement condamné à être emprisonné après s'être maudit et avoir abjuré « pour avoir professé et cru que le Soleil est le centre du monde, et sans mouvement, et que la Terre n'est pas le centre, et se meut ». Apparemment, il se soumet au jugement et rien n'indique qu'il se soit hasardé, comme le prétend la légende, à proclamer : « Et pourtant elle tourne ! »

Sinon, considéré comme relaps, Galileo Galilei aurait fini sur le bûcher. Sitôt tombée, sa peine est commuée en résidence surveillée par le souverain pontife qui, même s'il a pris ses distances, reste son ange gardien. Autorisé, après un séjour à Sienne, à retourner chez lui, à Florence, dans sa villa d'Arcetri, Galileo Galilei a droit, au bout de quelque temps, d'y recevoir ses disciples. Alors qu'il perd la vue, il peut travailler avec eux sur son *Discours concernant deux sciences nouvelles* qui paraît en Hollande en 1638.

Après sa mort, en 1642, Galileo Galilei est enterré religieusement dans le caveau familial de la basilique Santa Croce de Florence. Il faut attendre 1992 pour que l'un des plus grands papes de l'histoire de la chrétienté, Jean-Paul II, reconnaisse enfin les erreurs de l'Église dans un discours qui a fait date : « La majorité des théologiens ne percevaient pas la distinction formelle entre l'Écriture sainte et son interprétation, ce qui les conduisit à transposer indûment dans le domaine de la doctrine de la foi une question relevant de l'investigation scientifique. »

Avant de clore ce chapitre, une question : par quelle aberration mentale, inoculée par les religions, nos prédécesseurs sur terre pouvaient-ils se croire au centre du monde en regardant le ciel étoilé ? C'est un spectacle qui rend si fragile, si insignifiante toute personne normalement constituée. Une leçon d'humilité. Un remède définitif au géocentrisme.

Pourquoi tant de vanité et d'arrogance alors que nous avons tellement de raisons de rester modestes ? C'est l'un des grands mystères de l'humanité.

17

Giordano Bruno, le prophète prophétique

Pourquoi Galileo Galilei a-t-il été mieux traité par la postérité que Giordano Bruno ? Sans doute parce que le premier, scientifique reconnu, n'est jamais sorti du champ de la chrétienté. Le second, littéraire inspiré, est un héros paroxystique en rupture de ban avec la terre entière, un demi-dieu en colère qui n'a que mépris pour les choses de la terre et les remugles ecclésiastiques.

Dans *L'Infini, l'Univers et les Mondes*, Giordano Bruno se met ainsi en scène :

C'est donc vers l'air que je déploie mes ailes confiantes
Ne craignant nul obstacle, ni de cristal ni de verre
Je fends les cieux et m'érige à l'infini
Et tandis que de ce globe, je m'élève vers d'autres globes
Et pénètre au-delà par le champ éthéré
Je laisse derrière moi ce que d'autres voient de loin.

Tel est Giordano Bruno : poétique, cosmique, astronomique. C'est sans doute en s'imaginant caracoler dans les cieux qu'il eut l'intuition que nous autres humains n'étions pas au centre du cosmos ni seuls dans l'Univers. Philosophe et libre-penseur, il est l'un des humains les plus extraordinaires que la terre ait portés. Un bel homme, de surcroît. Petit, mince, avec les traits fins, une moustache légère, un regard ténébreux, un naturel épicurien.

Autant dire qu'il avait tout pour faire un grand prophète. Je suis au comble de l'émotion chaque fois que je me recueille devant la statue de bronze à son effigie, érigée à l'endroit même de son supplice en 1600, à quelques pas du palais Farnèse, au milieu du marché aux fruits et aux légumes, place du Campo de' Fiori à Rome. Je ne me console pas d'observer qu'il n'attire pas les foules de pèlerins comme il le mériterait. Je regrette aussi qu'il soit représenté en moine dominicain, la tête sous une capuche, alors que c'est un personnage solaire qu'on ne peut réduire à une religion, encore moins à un ordre monastique.

Il y a chez lui quelque chose de messianique. Il ne se prend pas pour une courge, l'homme qui se définit ainsi à la troisième personne du singulier dans *Le Banquet des cendres* : « Voici alors apparaître celui qui a franchi les airs, traversé le ciel, parcouru les étoiles, outrepassé les limites du monde [...]. En pleine conformité avec les sens et la raison, c'est lui qui avec les clefs de sa compétence a ouvert par ses recherches ceux des cloîtres de la vérité auxquels nous ne pouvions avoir accès. »

Dans la foulée, Giordano Bruno se félicite d'avoir découvert que « ce n'est pas hors de nous qu'il faut chercher la divinité puisqu'elle est à nos côtés ou plutôt en notre for intérieur, plus intimement en nous que nous ne sommes en nous-mêmes ». Son credo est celui de tous les panthéistes : Dieu est partout, en nous, dans les cieux, les forêts, les oiseaux, jusque dans cette feuille d'herbe qui frissonne de plaisir sous la pluie.

Nous sommes Un. Dieu est Uns. Nier l'infinité du monde revient à nier Dieu parce qu'ils sont une seule et même chose. « Toutes les âmes font partie de l'âme de l'univers, écrit Giordano Bruno dans *L'Expulsion de la bête triomphante*, et tous les êtres à la fin sont Uns. »

Même si les fous ne sont pas tous des sages, les sages sont souvent de grands fous : sa vie est une épopée insensée. Giordano Bruno est né en 1548 à Nola, près de Naples. D'où son surnom, le Nolain. D'un milieu modeste, il entre, à quatorze ou quinze ans, dans un couvent dominicain. Mais il est trop éclectique, trop iconoclaste, pour supporter longtemps l'autorité de l'ordre des Frères prêcheurs. Il rompt. Passionné par l'humanisme, la cosmologie, les sciences occultes, l'art de la mnémotechnique, ce disciple de Copernic n'hésite pas à mettre en question le dogme de la Sainte Trinité ou à traiter Jésus de « mage ». Sans parler de la sacrosainte cosmologie aristotélicienne qu'il vomit.

Fuyant une instruction pour hérésie, l'apostat s'en va vivoter de ville en ville pendant plusieurs années avant de s'exiler à Chambéry puis à Genève où les calvinistes, horrifiés par ses coups d'éclat théologiques, l'excommunient avant de lever leur peine. Le calvinisme ne lui a pas mieux réussi que le christianisme et, à partir de cet épisode, il nourrit contre la « foi réformée » un ressentiment qui ne faiblira pas.

Quand il fuit la Suisse hostile, l'un des premiers réflexes de Giordano Bruno est de se rendre à Toulouse, forteresse catholique contre les protestants, où il demande l'absolution à un confesseur jésuite qui ne la lui donnera pas : quand on est apostat, c'est pour la vie. Pendant six mois, il donne des cours de philosophie. Sentant s'aiguiser les tensions religieuses, il décide de monter à Paris en 1581.

Dans la capitale du royaume où il donne une série de trente leçons, sa renommée se répand vitement, jusqu'à venir aux oreilles du monarque, qui le convoque. Fasciné par son hypermnésie, Henri III, roi de France et de Pologne, grand-duc de Lituanie, le prend sous sa coupe à la cour et lui donne une chaire au Collège des lecteurs royaux. Le nouveau protégé du fils préféré de Catherine de Médicis se fait rapidement un nom.

C'est à Paris que Giordano Bruno publie ses premières œuvres parmi lesquelles une comédie philosophico-satirique, *Le Chandelier*, où transparaît déjà son panthéisme : « Le temps ôte tout et donne tout; toutes choses se transforment, aucune ne s'anéantit. »

Sa position de penseur officiel lui sied mal et il sait qu'il sent le soufre dans un pays encore travaillé par les guerres de religion et le souvenir du massacre de la Saint-Barthélemy, l'holocauste des protestants perpétré en 1572. Ne vaut-il pas mieux aller voir ailleurs?

Alors, va pour l'Angleterre. Invité par l'ambassadeur de France auprès de la reine Élisabeth Ire, Giordano Bruno part à la conquête des théologiens anglicans, des universitaires d'Oxford, repaire de la pédantocratie. C'est un fiasco. Ses collègues anglais le jugent foutraque et l'accusent de plagiat. Ils ne savent pas à qui ils ont affaire: teigneux, le Nolain rendra coup pour coup.

Dans *Le Banquet des cendres* qu'il publie en 1584 pour moquer ses contempteurs britanniques et leurs « pédantisme obstiné », « ignorance prétentieuse », « grossièreté rustaude », il brandit contre Aristote le parrainage des plus hautes figures de l'Antiquité, de Pythagore à Épicure : « Ils conçurent un espace infini, une région infinie, une forêt infinie, un infini réservoir d'innombrables mondes pareils au nôtre qui effectuent leur rotation comme la Terre effectue la sienne. »

Fuir, toujours fuir. C'est tête basse que Giordano Bruno retourne à Paris avec l'ambassadeur de France à Londres, devenu son ami. Le spectacle que donne alors le royaume est débilitant: le roi Henri III est attaqué tout à la fois par le parti protestant (les Malcontents) et par la Sainte Ligue catholique qui, quelques années plus tard, armera le bras de son assassin, un moine dominicain. Mal à l'aise dans le climat de complots et l'hystérie ambiante, le Nolain se sent de trop.

Cap sur l'Allemagne. Giordano Bruno fait des étincelles dans les universités de Marbourg, puis de Wittenberg où il connaît deux ans de tranquillité. Quand, après l'avènement de leur nouveau roi, les calvinistes commencent à faire la loi en Saxe, il préfère partir à Prague, mais l'accueil de l'empereur n'étant pas enthousiaste, il se replie à Tübingen et enfin à Helmstedt. Mauvais plan : le pasteur de l'Église luthérienne l'excommunie au bout de plusieurs mois. Il faut se carapater à nouveau...

La boucle est bouclée. Tricard absolu, Giordano Bruno a commis l'exploit d'être excommunié tour à tour par les catholiques, les calvinistes et les luthériens, preuve que le brunisme n'est pas soluble dans le christianisme. Pour être tolérant, malgré sa raideur et son goût des polémiques, l'ancien dominicain n'en est pas moins ontologiquement hérétique.

Généralement, on est l'hérétique d'un autre. Giordano Bruno est celui de tous.

18

La vérité condamnée au bûcher

Si vous regardez de près sa statue de Rome, signée Ettore Ferrari, artiste et politicien de gauche, ancien patron du Grand Orient d'Italie, Giordano Bruno apparaît sous un mauvais jour, celui d'un sinistre frère du tribunal de l'Inquisition, avatar de Torquemada.

J'imagine que la haine du sculpteur francmaçon envers la chrétienté était telle qu'elle a rejailli sur Giordano Bruno qui n'en pouvait mais. Comment ne pas éprouver de la gêne devant ce monument de bronze qui a transformé ce grand homme en cagot, avec une expression de comploteur ?

La damnation de Giordano Bruno continue outre-tombe et il pourrait être condamné à un nouvel exil : le palais de la Chancellerie, qui donne sur la place où trône la statue, abrite les services administratifs du Vatican ; troublée par ce voisinage, la papauté réclame régulièrement le déplacement de la sculpture.

Un jour, sur la place du Campo de' Fiori,

alors que les marchands de fruits et légumes remballaient bruyamment leurs étals, je me suis agenouillé devant la statue de Giordano Bruno en faisant le signe de croix. Ce n'était pas Dieu qui passait mais une émotion, une impulsion qui m'avaient traversé de la tête aux pieds.

« Pourquoi ce signe de croix ? murmura ma compagne, étonnée. Ce n'est quand même pas le Christ !

— Eh bien, si, justement. C'est le frère du Christ. »

Elle roula de grands yeux. J'aurais proféré une énormité, elle n'aurait pas réagi autrement. Il y a pourtant beaucoup de points communs entre le Christ et le Nolain, même si le second a beaucoup déblatéré contre le premier. La même intransigeance bienveillante, absence de prudence, ferveur messianique, doloriste.

Pour parfaire l'histoire édifiante de ce Christ errant, il fallait un Judas. Le rôle est dévolu à un noble de Venise, Giovanni Mocenigo. Pendant son séjour à Francfort, Giordano Bruno avait reçu deux lettres de ce triste sire qui l'invitait à le rejoindre dans la cité des Doges pour lui enseigner l'art de la mémoire et de l'invention.

Pourquoi Giordano Bruno est-il revenu au pays comme un agneau dans la gueule du loup ? Sans doute était-il las de quinze ans de déambulations stériles dans une Europe en proie à ses querelles religieuses. Depuis quelque temps, il mettait beaucoup d'espoir dans le nouveau pape, Clément VIII, un homme intelligent dont il pensait naïvement obtenir la grâce, et rêvait de refonder à Rome une religion apaisée, sans chapelle, sous le nom de « nouvelle philosophie ».

Après un séjour à Padoue où il dispose alors d'une tribune universitaire, il s'installe chez Giovanni Mocenigo « pour deux mois » en 1592. Mécontent de son enseignement, son hôte qui estime ne pas en avoir pour son argent refuse de le laisser retourner à Francfort. Giordano Bruno persistant dans son intention de partir, il l'enferme chez lui et écrit coup sur coup deux lettres de dénonciation à l'inquisiteur de Venise, en joignant des publications du Nolain.

Giovanni Mocenigo accuse Giordano Bruno d'avoir notamment émis des opinions contraires à la Sainte Foi et formulé des critiques contre ses ministres. De soutenir de fausses théories sur la Sainte Trinité, la divinité du Christ, la transsubstantiation, la Sainte Messe, la virginité de Marie. De croire à des mondes multiples, à leur éternité, à la métempsycose, la migration des âmes humaines dans les animaux. De se fourvoyer dans la magie, l'art divinatoire. D'avoir commis, honte à lui, le péché de chair.

Dans une troisième lettre de dénonciation, Giovanni Mocenigo rapporte que Giordano Bruno lui a dit : « La façon de procéder dont use à présent l'Église n'est point celle dont usaient les apôtres, parce que, eux, cherchaient à convertir le peuple, tandis que, aujourd'hui, qui ne veut pas être catholique doit éprouver le châtiment. » Selon le haineux délateur, la religion catholique lui plaisait bien plus que les autres, mais il prétendait qu'elle avait besoin de « grandes réformes ».

Pendant le procès de Venise, la plupart des accusations font long feu : les témoins désignés par Giovanni Mocenigo ne corroborent pas ses dires, loin de là. Dans son rôle de Judas, ce sycophante apparaît vite isolé, d'autant que les élites locales, d'un naturel assez tolérant, ne sont pas défavorables à l'accusé.

Face au cafardage de ce nobliau qui se noie dans son fiel, Giordano Bruno répond avec habileté avant de se repentir des fautes vénielles qu'il a reconnues et de s'agenouiller pour demander pardon au tribunal et à Dieu, sous l'œil obligeant des juges. Il retourne tout le monde.

*

Suspect d'hérésie non relaps, terme désignant un récidiviste retombé dans le mal après y avoir renoncé, le Nolain peut à bon droit se croire sauvé. Erreur. Il ignore que des tractations ont commencé, dans l'ombre, entre l'inquisiteur de Venise et l'inquisiteur suprême de Rome qui entend récupérer l'accusé pour qu'il soit jugé à nouveau par le tribunal central.

Les dents de la machinerie papale se resserrent sur Giordano Bruno et les autorités vénitiennes s'en lavent les mains avec une lâcheté qui rappelle celle de Ponce Pilate quand il se déclarait innocent du sang de Jésus : après avoir refusé l'extradition dans un premier temps, le Sénat de Venise finit par se coucher et accepter de livrer Giordano Bruno au Saint-Office de Rome, sous la pression du nonce apostolique dépêché exprès.

Le 19 février 1593, le Nolain quitte sa prison vénitienne pour être jeté dans les geôles de l'Inquisition du Vatican, non loin de la basilique Saint-Pierre. C'est alors que commence le calvaire de Giordano Bruno. Là, il ne s'agit plus d'une promenade de santé mais de sept ans de solitude, à pourrir dans sa cellule, en attendant les convocations de ses juges.

Pendant plusieurs mois, le Saint-Office de Rome ne semble trop savoir quoi faire de Giordano Bruno. Jusqu'à ce que parvienne au tribunal, comme par miracle, l'accusation d'un homme qui se fait appeler le capucin Celestino de Vérone et qui avait été le compagnon d'infortune du Nolain dans sa prison de Venise.

Détenu criminel, frère Celestino n'a aucune crédibilité. Il invoque le témoignage d'autres codétenus dont tous ne confirmeront pas les accusations. En plus, il a l'esprit dérangé et fait parler au Nolain un langage ordurier qui ressemble au sien quand le tribunal du Saint-Office l'interrogera quelque temps plus tard après qu'il se fut accusé de toutes sortes de péchés : horrifié par ses déclarations, le souverain pontife avait même demandé qu'elles ne fussent pas retranscrites ni même répétées.

Celestino de Vérone prétend avoir entendu Giordano Bruno déclarer que le Christ n'a pas été mis en croix mais « pendu » ; qu'il était un « chien de cocu » et un « foutu chien » ; que « Moïse a inventé d'avoir parlé avec Dieu sur le Sinaï » ; que « tous les prophètes ont été des hommes astucieux, trompeurs, menteurs, et que c'est pour cela qu'ils ont eu une mauvaise fin ». Sans parler de beaucoup d'autres propos blasphématoires…

Tout en se hâtant lentement, le tribunal cherche aussi des poux à Giordano Bruno en relevant tout ce qui, dans son œuvre, mérite d'être censuré. Il s'indigne notamment de sa conception hérétique de l'âme universelle et de l'âme individuelle. Refusant la vie éternelle à cette dernière, le Nolain a écrit qu'elle est appelée à se fondre dans l'*anima mundi* (l'âme du monde). Un panthéisme qui révulse le pape Clément VIII.

Giordano Bruno se défend pied à pied et opère des replis stratégiques dès qu'il sent que le sol est mouvant. Il finit ainsi par reconnaître le caractère éternel de l'âme individuelle des humains, affirmant que sa théorie ne s'applique qu'aux animaux. Il promet beaucoup, par exemple d'abjurer de ses fautes devant le tribunal du Saint-Office mais, finalement, tient peu. Sitôt qu'il semble se soumettre, c'est pour mieux se rebeller.

Le 16 septembre 1599, à quelques mois du verdict, Giordano Bruno s'engage devant ses juges à se rétracter comme l'Église le lui demande. Et le même jour, le voilà qui leur lit un mémoire qu'il adresse au pape : au lieu de plaider coupable, il y remet toutes les incriminations en question. Désireux de gagner son procès sans perdre son âme, il n'est pas prêt à de vraies concessions. Il craint que la partie ne soit déjà jouée et entend préserver l'intégrité du brunisme pour la postérité.

Il y a chez Giordano Bruno un prophétisme que rien n'arrête, pas même la peur du martyre qui, songe-t-il probablement, rehaussera et transcendera sa « nouvelle philosophie ». Après que le Nolain a refusé à plusieurs reprises de se rétracter, y compris devant le maître général des dominicains, le pape Clément VIII décide de tenir désormais l'accusé pour hérétique formel, impénitent et obstiné. Ce que confirmera la sentence du tribunal le condamnant, en conséquence, à être expulsé de l'Église et livré au bras séculier pour finir au bûcher, tandis que l'ensemble de son œuvre sera mis à l'Index des ouvrages interdits et que ses livres disponibles devront être brûlés place Saint-Pierre.

Après avoir écouté son verdict à genoux, Giordano Bruno dit à ses juges, en se relevant : « Vous qui prononcez contre moi cette sentence, vous avez peut-être plus peur que moi qui la subis. » Neuf jours plus tard, le 17 février 1600, il est amené place du Campo de' Fiori pour être « mis nu, attaché à un poteau et brûlé vif ». Sa langue a été clouée à un morceau de bois pour qu'il ne puisse proférer d'insanités lors de ses derniers instants.

En brûlant le Nolain, l'Église s'est-elle débarrassée à jamais du brunisme ? Bien sûr que non : plus tard, il allait renaître de ses cendres, sous d'autres noms comme ceux de Spinoza, Leibniz, Goethe, Hegel, etc. Nous sommes de plus en plus nombreux dans le monde à croire que, Dieu et l'Univers étant tous deux infinis, ils ne peuvent que se confondre : Dieu est l'Univers et l'Univers, Dieu…

Toute sa vie, Giordano Bruno aura été comme le Christ. Sûr de son bon droit, rebelle aux concessions, clamant haut et fort ses convictions, fussent-elles blasphématoires. C'était un grand prophète mais il n'a jamais eu sa propre Église qui aurait pu faire vivre sa parole après sa mort. Sa pensée n'en est pas moins d'une stupéfiante modernité. Il a vu dans le ciel des choses que la science a mis des siècles à trouver, écrivant ainsi dans *L'Infini, l'Univers et les Mondes* : « Il est donc d'innombrables soleils et un nombre infini de terres tournant autour de ces soleils. »

S'il avait eu des apôtres et laissé une Église derrière lui, je crois que je serais bruniste.

19

Dieu préfère la nuit

Je rencontre souvent Dieu la nuit. Quand on me demande avec un sourire sarcastique comment je fais pour garder la foi en toutes occasions, même après de grands malheurs, je réponds que je n'ai aucun mérite, parce que je suis croyant.

« Mais comment faites-vous pour croire, me demandera-t-on. La foi ne se décrète pas.

— Certes, répondrai-je. Mais elle s'impose à vous. Il suffit de respirer, marcher, regarder le ciel. »

L'expérience marche à tous les coups. Nous croulons sous les preuves de l'existence de Dieu mais celle-là ne décevra jamais. Même ivre mort, vous sentirez une présence, *sa* présence, derrière la voûte céleste. Le bémol est qu'il reste là-haut la plupart du temps. Il descend rarement vous rendre visite.

Je n'ai jamais connu d'expériences mystiques comme celle de Blaise Pascal lors de sa « Nuit de feu », le 23 novembre 1654, « de dix heures du soir jusques environ minuit et demi ». L'auteur des *Pensées* la relate sur un petit parchemin qu'il cousit, avec une copie, dans la doublure de son pourpoint et garda ensuite dans chacun de ses vêtements, jusqu'à ce qu'un de ses serviteurs le découvre après sa mort.

« Feu » est le premier mot de ce texte étrange. « Certitude, certitude, sentiment, joie, paix, écrit Blaise Pascal. Oubli du monde et de tout hormis Dieu… »

Pour ma part, je n'ai connu que des Nuits de feu du pauvre, sans flammes ni étincelles. C'est normal. Toute la vie de Blaise Pascal a été changée à partir de cette rencontre avec le Dieu d'Abraham, d'Isaac, de Jacob et non, précise-t-il, celui « des philosophes et des savants ». Il s'est converti. Moi, je suis converti de naissance et mes apparitions sont d'une banalité sans nom.

Une fois, en 1971, Dieu a bien voulu descendre sur moi. C'était au Sahara, non loin de Ghardaïa, une nuit où il faisait jour, un jour exagéré, enluminé. J'étais en compagnie d'une amie qui vivait avec plus d'intensité que moi l'extase du désert. Elle avait des excuses : l'air pur grisait tout, même les grains de sable, et on aurait dit que le ciel chantait, accompagné au loin par des orgues, des harpes, des luths.

Soudain, alors que je regardais les étoiles, quelque chose m'a traversé de la tête aux pieds. Une secousse tellurique qui m'a rempli de lumière. Je suis tombé si vite à genoux que j'ai perdu l'équilibre et roulé dans le sable. Mon amie a cru que j'avais fait un malaise.

« Tout va bien ?

— Ce n'est rien, ai-je dit essoufflé, les larmes aux yeux.

— Tu es tombé ?

— Non, c'est Dieu.

— Dieu ? » a-t-elle répété, incrédule.

Je lui ai montré le ciel d'un doigt tremblant. C'est à partir de là que notre histoire d'amour a tourné court. Mon amie qui se disait athée a décidé que j'étais un gogo, gobe-mouches, illuminé, ce qui n'était au demeurant pas faux. Le lendemain, je n'arrivais plus à supporter son regard, celui d'une personne qui vient de découvrir qu'il y avait tromperie sur la marchandise. Nous sommes rentrés séparément. Depuis, chaque fois que je la vois, elle a des dodelinements de la tête et un sourire jaune, comme si elle se demandait si j'étais cinglé ou débile, à moins que ce ne soit les deux.

Regarder le ciel étoilé devrait être un exercice obligatoire dans une civilisation digne de ce nom. Je plains ceux qui ne lèvent jamais les yeux vers lui, si nombreux dans nos villes où il est caché entre les immeubles, les gratte-ciel. Il leur manque quelque chose d'essentiel. Ils ne peuvent pas comprendre l'infini de l'Univers dans lequel nous vivons.

Le cosmos, c'est comme la vie sur terre. Des meurtres, des agonies, des apothéoses. Un univers impitoyable où règne la loi du plus fort. Les géantes rouges avalent des planètes, tandis que les trous noirs engloutissent tout ce qu'ils peuvent. Sans parler des collisions cosmiques qui accouchent de galaxies. C'est un spectacle sans fin ni commencement qui ressemble, en plus grand, à celui de l'humanité, de la nature darwiniste.

Comme dans la jungle, les prédateurs sont partout, qui attendent leur heure. Dans la galaxie du Sculpteur, l'une des plus proches de la nôtre, à treize millions d'années-lumière, un puissant trou noir nous menace, tapi dans l'ombre. Dieu merci, il s'est endormi depuis une dizaine d'années, mais il reste un danger potentiel bien plus grand que le nucléaire, les épidémies et toutes nos idéologies mortifères. Dans notre propre galaxie sommeille un autre trou noir, apparemment supermassif, Sagittarius A*, qui fait quatre millions de fois la taille du Soleil. Rien ne dit qu'il ne se réveillera pas un jour. Beaucoup plus loin, à douze milliards d'années-lumière, l'un des plus grands trous noirs du cosmos, à la masse abyssale, équivalente à au moins vingt milliards de soleils, en dévore un tous les deux jours, avec un appétit d'ogre.

Chacun de nous vit en sursis, mais tel est aussi le cas de notre galaxie, de notre Terre, de notre espèce. C'est ce qui rend si pathétique la vanité du genre humain, sa quête obsessionnelle de l'immortalité, sa conviction d'être au centre de l'Univers. Devant le spectacle de l'infini du ciel, nous réagissons de plusieurs façons.

D'abord, le déni, fruit du nihilisme, du narcissisme, de l'ethnocentrisme ou d'une appartenance religieuse, qui nous amène à le contempler comme quelque chose d'abstrait, afin de n'avoir pas à remettre nos convictions en question. Où est passé le Dieu horloger dans ce foutoir ?

Ensuite, la peur devant l'inconnu, réflexe naturel, qui n'a jamais été aussi bien définie que par la célèbre formule de Blaise Pascal : « Le silence éternel de ces espaces infinis m'effraie. » Devant ce scintillement qui provient de la nuit des temps, comment ne pas être saisi de vertige ?

Enfin, l'humilité : c'est en prenant conscience de notre faiblesse et en renonçant à notre prétendue toute-puissance que l'on se réconciliera avec les éléments pour mieux nous fondre dedans. Il faut avoir conscience de n'être rien pour pouvoir entrer dans le tout que nous formons.

20

Quelques adresses où trouver Dieu

Si Dieu est partout, est-il quand même quelque part ? À la longue, j'ai fini par connaître ses adresses, la plus fascinante étant de beaucoup le cosmos, certaines nuits d'été, quand il nous offre son grand ventre sombre et vivant.

Il y a aussi les reliques, même si je n'éprouve aucune passion pour elles. Je dois à l'honnêteté de dire qu'il m'est arrivé d'éprouver la présence de Dieu en les contemplant : ainsi ai-je fondu en larmes devant les ossements de saint Pierre, crucifié la tête en bas, que Mgr Boccardo, alors secrétaire général du Vatican, nous avait emmenés voir, ma femme et moi, sous la basilique qui porte son nom, construite par le Bernin.

À la belle saison, quand, à la montée du soir, arrive l'heure blonde et que mon jardin de Mérindol, en Provence, se recouvre de fils d'or, j'ai souvent senti la présence de Dieu en me perchant sur un mamelon pour me fondre dans le monde ou en embrassant mes oliviers, notamment le plus âgé d'entre eux qui a mille ans et toujours beaucoup de choses à me dire.

Je suis tombé à la renverse dans un monastère bouddhiste de Mandalay, en Birmanie, après avoir embrassé la pierre d'un autel sur lequel une armée de bougies basses étiraient leurs flammes. J'ai embrassé aussi, avec les mêmes effets, des exemplaires anciens du Talmud, de l'*Éthique* de Spinoza, du *Traité de l'amour* du grand maître soufi Ibn Arabi, de *Solitude de la pitié*, un recueil de nouvelles, écrit à l'os, le meilleur livre de Jean Giono.

Les grands livres sont mes amis et j'embrasse mes amis. J'aime bien les avoir à ma portée et, mes nuits d'insomnie, faire un tour avec eux. Mais ce n'est pas en les tenant entre mes mains, si superbes fussent-ils, que je rencontre Dieu le plus aisément.

Je le rencontre en musardant dans la nature, mené par mes pas, le nez au vent. En prenant de mémorables cuites avec des amis chers, jusqu'à ce moment d'ivresse absolue où l'on a envie d'embrasser tout le monde. En écoutant des concerts, des opéras, en public ou chez moi. En communiant avec l'orgue de l'église Saint-Eustache à Paris, le plus grand de France avec ses huit mille tuyaux, quand il entonne à grand fracas les premières notes d'un morceau de Bach ou de Messiaen.

Autodidacte et enfant de la nature, le poète américain Walt Whitman reconnaît dans *Feuilles d'herbe*, l'un des monuments littéraires du XIXe siècle, qu'il voit Dieu partout :

Désirer voir Dieu plus nettement que maintenant, et pourquoi ?
N'en vois-je pas des fragments à chacune des vingt-quatre heures, à chacune des secondes,
Ne le vois-je pas sur le visage des hommes et des femmes, ou sur mon visage à moi dans la glace,
Jusque dans la rue où je trouve des lettres de Dieu, signées de Dieu ?

Pour ma part, je ne me suis jamais trouvé face à Dieu en me regardant dans la glace. Ce serait plutôt en observant une pâquerette se pâmer au soleil, un lapin mastiquer son herbe, des fleuves ou des rivières allonger leur corps, l'été, en poussant le temps.

Les religions momifient Dieu quand elles en font le prétendu créateur de l'Univers avant de l'ensevelir sous les rituels. Elles le rapetissent, le cadavérisent. Au cours de ma vie, j'ai moins souvent senti sa présence en me recueillant dans les lieux de culte qu'en me laissant aller avec l'eau qui coule, calme et molle. Elle est plus propice à un contact que les tourbillons écumants qui fascinent mais empêchent de se fondre dans le courant jusqu'à s'y dissoudre.

Dans ma jeunesse, en Normandie, je me suis souvent rincé l'œil pendant des heures à contempler sinuer la moire de la Seine, l'Eure, la Risle, l'Iton, l'Andelle. Remplis de silence jusqu'à ras bord, le fleuve et les rivières emportent tout dans leur velours bleuté, nos pensées, nos chagrins, des bouteilles en plastique, des cadavres gonflés de chiens, de longues traînes de branches feuillues. Pardon d'employer les grands mots, mais ils sont les chemins de l'infini.

Un ciel, un fleuve, un concerto, un sourire à la volée : il y a partout et tout le temps des occasions de retrouver Dieu. Mais jamais je ne le cherche ni ne l'appelle. Il vient tout seul, par hasard et sans prévenir. Je sais qu'il n'est jamais loin, même si, parfois, il peut prendre des pauses de plusieurs mois avant de se manifester à nouveau, au coin de la rue.

Quitte à aggraver mon cas, j'ai souvent vu le regard du Christ sur la croix dans celui des clochards, des femmes battues, des agonisants à l'hôpital, des paysans en faillite, des foules solitaires du métro, des migrants épuisés, des bêtes d'abattoir qui vont à la mort comme nous au travail. J'ai vu aussi le regard du Christ dans celui des victimes de la haine et de la bêtise comme les chrétiens d'Orient, les yézidis kurdes, les soufis égyptiens tués chaque année pour leur croyance par les djihadistes, dans l'incendie ou l'explosion de leurs lieux de culte, au Nigéria, en Syrie ou ailleurs.

Interprétée par Louis Armstrong, *What a Wonderful World* est l'une des plus belles chansons qui soient : elle vous transporte au sens propre.

Quand je l'entends, j'ai le sentiment, éprouvé jadis par Walt Whitman, de voleter en altitude et d'observer le monde dans tous ses états.

Souvent, je prends mon envol et retrouve Dieu, au-dessus des oiseaux, par-delà les nuages. D'autres fois, j'ai beau battre des ailes, je reste empégué, avant de retomber plus bas que terre, avec le Christ en croix. Mais il y a toujours de l'au-delà en moi. Une lumière que rien n'éteint jamais, ni le chagrin ni la souffrance.

C'est pourquoi je plains les athées, les ricaneurs, les salisseurs de la foi. Ils ne savent pas ce qu'ils ratent. Ils se gâchent la vie et même la mort. Affreux sont leurs enterrements civils. Ou bien ils nous infligent, depuis leur cercueil, la litanie des hommages pathétiques de leurs proches qui, en les évoquant, s'arrangent pour ne parler que d'eux. Ou bien ils sont mis en terre au fond du cimetière, sans fleurs ni paroles, comme les vieux chats, au fond du jardin.

Les obsèques de ce genre sont des punitions, des enterrements de dernière classe. Si la religion sait faire une chose, c'est bien mettre en scène nos adieux, apporter aux funérailles de la beauté, du sens, de la poésie. Souvent, il faut la mort pour se rendre compte qu'on ne peut pas vivre sans foi ni religion.

De nos jours, on est tellement sûr d'être éternel qu'on meurt sans le savoir.

21

Spinoza, l'autre Christ

Baruch Spinoza est entré dans la légende des siècles le 27 juillet 1656 quand, dans la grande synagogue d'Amsterdam, quai du Houtgracht, les autorités rabbiniques lui infligent un herem l'excluant à jamais de la communauté juive et de la « Nation d'Israël ». Un châtiment semblable à l'anathème chez les catholiques, au détail près que le mot signifie « destruction ».

Dans la communauté juive, le herem punissait les « déviances » supposées comme l'adultère, l'expression d'opinions hérétiques, le manque d'assiduité à la synagogue, le non-respect des règles alimentaires. Les termes de cette excommunication, d'ordinaire temporaire, étaient souvent anodins. En l'espèce, le texte de la condamnation est d'une violence inouïe.

Pourquoi tant de véhémence ? Elle apparaît disproportionnée aux « fautes » du présumé coupable si seulement il en a commis. Le visage longiligne, les traits fins, Baruch Spinoza, juif d'origine portugaise, est un jeune homme discret de vingt-trois ans, qui s'intéresse à tout, à la philosophie, à la science, au dessin. Contemporain de Rembrandt qui habite près de la maison familiale, il l'a sans doute croisé.

Fréquentant volontiers les protestants, Baruch Spinoza a été l'élève d'un philosophe égalitariste, libertin, partisan d'une république démocratique, Franciscus Van den Enden, un iconoclaste qui l'a initié aux idées nouvelles et lui a fait découvrir Machiavel, Hobbes, Descartes. Il finira pendu en France, dans la cour de la Bastille, après que plusieurs de ses disciples eurent préparé un soulèvement contre Louis XIV.

L'objet exact du délit de Spinoza n'est pas connu : s'il s'agit de ses écrits, ils se résument à deux textes médiocres, inspirés de Giordano Bruno, qu'il s'est gardé de publier. Le herem lui reproche d'« horribles hérésies » et des « actes monstrueux », sans plus de précisions. Il déclara peu après à un visiteur avoir été maudit à cause de ses vues sur Dieu, l'âme, la Loi. En 1670, il écrivait dans son *Traité théologico-politique*, le seul livre publié de son vivant, que « les Juifs ne détiennent aucun privilège qu'ils puissent s'attribuer au-dessus des autres nations ».

N'étant pas à un blasphème près, Spinoza s'en est pris, dans le même livre, au dogme de l'immortalité de l'âme, l'une de ses grandes marottes à laquelle, selon toute vraisemblance, il doit aussi son herem. Pour ne rien arranger, il est probable sinon certain qu'il a laissé apparaître son mépris envers

133

les religieux juifs qui, avant de le condamner, avaient tenté en vain de le raisonner, comme le voulait la coutume. Peut-être souhaitait-il simplement rompre avec eux. En ce cas, il aura été bien servi.

« Qu'il soit maudit le jour, qu'il soit maudit la nuit, édicte le herem, sur le ton furibond dont usa Josué contre Jéricho. Qu'il soit maudit pendant son sommeil et pendant qu'il veille. » « Veuille l'Éternel ne jamais lui pardonner, ajoute-t-il. Veuille l'Éternel allumer contre cet homme toute Sa colère et déverser sur lui tous les maux mentionnés dans le Livre de la Loi ; que son nom soit effacé dans ce monde et à tout jamais. » Et, pour conclure, cette objurgation : « Sachez que vous ne devez avoir avec Spinoza aucune relation ni écrite ni verbale. Qu'il ne lui soit rendu aucun service et que personne ne l'approche à moins de quatre coudées. »

Toutes proportions gardées, le voici, comme Jésus, cloué sur la croix. Spinoza ne semble pas troublé outre mesure par cette sentence. Sinon, il aurait manifesté des signes de repentir, ce qui ne fut pas le cas. Le herem lui a pourtant fait descendre quelques barreaux de l'échelle sociale. À la mort de son père, il avait repris avec son frère Gabriel l'entreprise familiale d'importation d'huile, d'agrumes et de fruits secs, une affaire branlante, minée par les impayés. Le voici soudain rabaissé au rang de paria.

*

Que l'on me pardonne si j'écris ces lignes d'une plume respectueuse, avec un style emprunté : Spinoza m'impressionne et, devant lui, je ne peux me déprendre de la révérence des moines de l'ancien temps pour le Christ, les saints, les apôtres. S'il avait fondé une religion, j'aurais sans doute été l'un de ses prêtres.

C'est mon prophète et, mille pardons, je n'ai pas une âme de Luther. Il n'est certes pas toujours à la hauteur, il peut même être très décevant, mais c'est à travers ses yeux que je vois le monde, comme s'il avait planté les siens dans mes orbites, une transplantation qui pourrait expliquer mon regard un peu torve, l'œil plus petit que l'autre.

Spinoza est un juif errant qui ne quitte pas son pays. Mis au ban de la communauté d'Amsterdam, il est contraint de déménager, d'abord à Rijnsburg, puis à Voorburg, enfin à La Haye où il partage son temps entre, d'un côté, ses écritures philosophiques en latin et, de l'autre, son nouveau métier qui consiste à tailler et polir des lentilles optiques pour lunettes, microscopes. Peu conforme à l'idée que l'on peut se faire du personnage, au point que, l'on peine à le croire, l'un de ses rares divertissements aurait consisté à attraper des araignées pour qu'elles se battent entre elles ou à jeter des mouches dans les toiles. Parfois, il aurait même ri du spectacle qu'elles donnaient.

Ce n'est pas un misanthrope, tous ceux qui l'ont fréquenté l'attestent. Il a plusieurs amis chers, correspond avec eux, adore travailler en groupe. Il mène néanmoins une existence de moine-soldat et de célibataire endurci, humble, frugal. Sa maladie, qui se manifeste par de régulières quintes de toux, n'arrange rien.

Apparemment, Spinoza souffre de la phtisie, autrement dit la tuberculose : elle l'épuise, l'isole, le tue à petit feu. Comme tant de grands penseurs, d'Épicure à Nietzsche en passant par Pascal, il aura passé sa courte vie à lutter contre la douleur, comme s'il y avait un lien de cause à effet entre le mal qui le tourmentait et le génie qui inspirait son œuvre. Il ne se morfond pas. Il est venu sur terre pour s'accomplir dans la joie. « Un homme libre, a-t-il écrit, ne pense à aucune chose moins qu'à la mort. »

Il tire fierté de la modestie de son mode de vie. Son biographe Johannes Colerus, un pasteur luthérien qui était son contemporain, le décrit comme « un homme affable, d'un commerce aisé », qui recommande aux enfants d'obéir à leurs parents. S'il est réservé et choisit ses amis avec soin, c'est sans doute parce qu'il se méfie de lui-même dont il dit : « Il y a des gens ainsi faits qu'il n'y a rien qu'ils supportent avec plus d'impatience que de se voir reprocher des opinions qu'ils considèrent comme vraies. » Vivons heureux, vivons cachés.

À son dernier logeur, un peintre qui lui louait un petit logis dans sa maison, au bord d'un canal, Baruch Spinoza a dit un jour : « Je suis comme le serpent qui tient sa queue dans sa bouche ; je cherche à ce qu'il ne me reste rien à la fin de l'année que ce qui est nécessaire pour être enterré avec bienséance. »

La prudence est de rigueur. La publication du *Traité théologico-politique* a fait scandale en Hollande et au-delà, provoquant notamment l'ire de Leibniz qui, dans une lettre à un ami, s'est dit « attristé qu'un homme aussi érudit, soit, semble-t-il, tombé si bas », cumulant de « nombreux paralogismes » avec « l'emploi abusif de lettres orientales ».

Revenant à de meilleurs sentiments, le philosophe de l'harmonie universelle finira par rencontrer un jour l'auteur de « l'ouvrage effrayant ». Leibniz ne sera pas vraiment séduit pour autant. Face à Spinoza, il balance sans cesse entre répulsion, sidération et fascination.

Accusé d'« athéisme » par les autorités chrétiennes qui tentent d'interdire le *Traité théologico-politique*, Baruch Spinoza veille ensuite à rester dans l'ombre, renonçant à publier l'*Éthique*, son chef-d'œuvre. C'est ainsi qu'il peut se frayer un chemin à travers les gouttes jusqu'à sa mort, en 1677, à l'âge de quarante-quatre ans. Ses dernières paroles : « J'ai servi Dieu selon les lumières qu'il m'a données. Je l'aurais servi autrement s'il m'en avait donné d'autres. »

Comme Socrate ou Diogène, Spinoza a d'abord été un libre-penseur qui s'est ingénié à faire voler en éclats les certitudes de son temps et les monothéismes pour échafauder un nouveau système, « une vraie religion ». Sous son écriture neutre, la pensée est souvent assassine. Dans l'*Éthique*, par exemple, il n'hésite pas à provoquer les clercs et les censeurs avec des formules du genre : « C'est aux esclaves, non aux hommes libres, que l'on fait un cadeau pour les récompenser de s'être bien conduits. » Allusion aux indulgences, c'est-à-dire à la rémission des péchés obtenue par un acte de piété : longtemps, elles furent censées ouvrir les portes du paradis.

Gageons que Baruch Spinoza aurait fait sienne la définition de la religion par l'écrivain américain de la fin du xixe et du début du siècle dernier Ambrose Bierce, virtuose de l'humour noir : « Fille de l'Espoir et de la Peur expliquant à l'Ignorance la nature de l'Inconnaissable. »

22

La Bible ne croit pas à l'immortalité de l'âme

Avant de construire son système, Baruch Spinoza a déconstruit les religions monothéistes et s'en est pris à ce qu'il appelle les « superstitions », à toutes leurs dérives et obsessions, en particulier à l'immortalité de l'âme qu'elles ont érigée en précepte. Force est de constater que celui-ci a la vie dure.

Pathétiques sont les sermons des curés qui, aujourd'hui encore, pendant les obsèques, exaltent la vie éternelle et prétendent, pour consoler les amis du défunt, que ce n'est pas son âme immortelle qui sera bientôt mise en terre mais seulement son corps mortel, encloué dans son cercueil. S'il y avait encore un tribunal de l'Inquisition, il serait en droit de crier à l'hérésie !

L'immortalité de l'âme est une thèse de Socrate et Platon qui, pour le commun des mortels, serait aujourd'hui inscrite dans le marbre de la Bible. Cherchez-en une trace, vous ne la trouverez pas : c'est un mensonge qui, à force d'être répété, a fini par devenir une vérité pour les juifs et les chrétiens.

Si l'on s'en tient aux textes, la Bible fait de l'âme un synonyme de la vie qui, par définition et pour notre malheur, ne s'éternise jamais long-temps sur terre. À l'en croire, l'âme s'endort avec notre corps qui meurt et disparaît en même temps que la vie avant de revenir le dernier jour pour la résurrection des corps.

Dans la Bible, le corps et l'âme ne sont pas dissociés. Un même mot, *nephesh*, désigne en effet les deux, qui signifie : « Être vivant, essence de vie, souffle vivant ». C'est par la suite que les traductions grecque et latine les ont distingués.

Si l'on en croit l'Ancien Testament, les ani-maux aussi sont dotés d'une âme, la Genèse rap-portant que Dieu a donné « un souffle de vie » aux animaux du ciel et de la terre, « à tout ce qui se meut ». D'où, au Moyen Âge, les excommuni-cations de charançons, de limaces ou de rats, coupables de dévaster les récoltes. Sans parler des procès de cochons, accusés d'avoir dévoré des enfants, preuve qu'il y avait, avant l'arrivée sur terre de saint François d'Assise, des traces de panthéisme dans le christianisme.

Sur l'immortalité de l'âme qu'il réduit à néant, la démonstration de Spinoza est lumi-neuse. Mais la bonne foi oblige à dire que si vie éternelle il y a, elle commence, selon la Bible, après la résurrection : « Plusieurs de ceux qui dorment dans la poussière de la terre, lit-on par

140

exemple dans le Livre de Daniel, se réveilleront, les uns pour la vie éternelle, les autres pour l'opprobre, pour la honte éternelle. »

Rien ne dit néanmoins qu'il ne faudra pas attendre cette résurrection… une éternité. La morale de tout cela, pour Spinoza, c'est qu'il faut profiter sans lantiponner du temps qui nous est compté. Il n'y aura pas de séance de rattrapage. Quant au paradis, s'il existe, ce n'est jamais qu'un état spirituel au sens où l'entendent l'hindouisme ou le jaïnisme. La vie est un plat qu'il vous faut manger avant qu'il refroidisse ou que l'assiette vous soit retirée, ce qui peut arriver à tout moment.

Quand ses contemporains reprochaient à Spinoza de saper les fondements de la religion, ils n'avaient pas tort. Cet homme ne respecte rien. Ni les textes sacrés, modifiés, assure-t-il, par des générations de copistes. Ni la Torah qui, selon lui, n'est pas d'origine divine. Certes, il s'échine à arrondir les angles. Mais à deux Portugais, frère Tomas et le capitaine Maltranilla, qui témoignèrent ensuite devant l'Inquisition de leur pays, il n'a pas hésité à dire qu'il n'y a pas de Dieu, sinon au sens « philosophique », et que les âmes meurent « avec les corps ».

Hérétique et croyant sans Église, Spinoza est tout cela, les deux en un. Sur les décombres du principe de l'immortalité de l'âme, il nous décrit ensuite, dans l'*Éthique*, Dieu tel qu'il le voit. Un Dieu sans fin ni commencement, qui n'a plus, comme celui de la Bible, les caractéristiques d'un humain surplombant le monde. C'est vous, c'est moi, c'est le monde entier, le passant dans la rue, le moustique en pleine parade nuptiale, l'enfant qui babille, la pierre qui roule, l'aigle qui fend le ciel, le nénuphar écrasé de soleil sur son eau dormante.

Pour Spinoza, Dieu nous dépasse, pas seulement parce qu'il est infini mais parce qu'il est inextricablement mélangé au monde : la nature est en Dieu et Dieu dans la nature. Ce sont les mêmes.

À la fin, Dieu est un non-être qui a fini par exister par la grâce et sur le dos des autres.

23

L'homme a créé Dieu à son image

Les grands génies de l'histoire de l'humanité se sont toujours consumés dans leur œuvre, dans une sorte de course contre la mort, la leur. Baruch Spinoza ne fait pas exception à la règle, qui commence à écrire l'*Éthique*, le livre de sa vie, en 1661, et ne l'achève qu'en 1675, deux ans avant d'expirer.

Le texte est sur le point d'être imprimé chez le libraire Jan Rieuwertz quand Spinoza décide subitement de le retirer des presses : il a pris peur devant les cris d'orfraie poussés par ses détracteurs qui vomissent en lui « l'athée » qu'il assure ne pas être. Dans une lettre au théologien allemand Henry Oldenburg, il fait état d'un « bruit » qui court, l'accusant de montrer dans son livre à paraître « qu'il n'y a point de Dieu ».

La situation, observe-t-il, semble « empirer tous les jours ». Spinoza n'aime pas les polémiques. Sentant que sa fin approche, il la voudrait douce et tranquille. Résigné à une publication post mortem, il retravaille l'ouvrage jusqu'à son dernier souffle, retirant notamment un passage sur la transmigration des âmes. De crainte que celui-ci ne donnât raison à ses ennemis philosophâtres ?

Sous la plume de Spinoza, le mot Dieu revient sans cesse, chose paradoxale de la part d'un présumé athée, mais il est vrai que le sien n'a rien à voir avec celui des théologiens ou des philosophes qui l'ont précédé. Incertain, son Dieu n'est pas palpable ; il n'a rien d'humain ni de concret comme celui des autres religions.

Réprouvé par les juifs, Spinoza se tient aux portes du christianisme en se gardant bien de mettre un pied dans l'embrasure. S'il est un compagnon de route des « collégiants », protestants adeptes de la tolérance et de la liberté d'expression, il sait qu'il ne sera jamais en odeur de sainteté dans la chrétienté. C'est un iconoclaste dont la thèse réduit à néant l'anthropomorphisme qui a gâté toutes les religions monothéistes.

L'anthropomorphisme attribue à Dieu les actes ou les sentiments d'un humain. C'est la maladie des monothéismes, en particulier chrétien ou musulman. Elle fait sourire y compris quand l'islam interdit de le représenter sous quelque forme que ce soit, un tabou qui vient du judaïsme dont il s'est largement inspiré.

À en croire les monothéismes, Dieu aurait créé l'homme comme l'homme a lui-même créé la binette, la brouette, la fourchette et puis, un jour, les sondes intergalactiques. D'ici à penser que le premier se lève chaque matin dans son ciel comme l'autre sur la terre, s'habille et avale son café vite fait avant d'aller vaquer à ses occupations divines…

Spinoza se gausse qu'aient été donnés à Dieu des attributs qui n'appartiennent qu'à la nature humaine : le voici à la fois « chef, législateur, roi, miséricordieux, juste, etc. ». Vengeur et vociférateur, il est aussi un maître d'école qui distribue les bons points, les félicitations, les punitions.

En somme, l'homme a créé Dieu à son image, c'est-à-dire pas grand-chose. D'où les colères du Tout-Puissant, sa morale vétilleuse, ses paroles définitives, ses objurgations de tyran domestique. « Maintenant, je vais répandre ma fureur sur toi, » dit-il dans le Livre d'Ezéchiel avant d'ajouter : « Je te chargerai de toutes les abominations. »

Dans le Livre du Deutéronome, les prévaricateurs sont condamnés à mille maux du genre : « Le Seigneur vous frappera d'ulcère comme il en frappa autrefois l'Égypte ; et il frappera aussi d'une gale et d'une démangeaison incurable la partie du corps par laquelle la nature rejette ce qui lui est resté de sa nourriture. »

Moïse et Mahomet prétendirent que Dieu leur parlait et sans doute ses fulminations leur cassaient-elles les oreilles. Jésus, lui, ne fut pas comme eux un porte-voix, un entremetteur entre le Très-Haut et le bas peuple. C'est lui qui s'adressait à Dieu et pour ce faire, il n'avait même pas besoin d'ouvrir la bouche puisqu'il était l'une des composantes de la Sainte Trinité.

Leurs prophètes étant humains, y compris Jésus pour partie, les religions non asiatiques tournent autour de l'homme qui entend monter le plus haut possible sur son escabeau, s'arrogeant à travers elles toutes les qualités requises pour dominer le monde. Spinoza raille ceux qui « conçoivent l'homme dans la Nature comme un empire dans un empire », comme s'il avait « sur ses propres actions un pouvoir absolu ».

Les religions monothéistes ont permis à l'homme de s'élever au-dessus des vivants et d'oublier sa sueur, ses poils, ses déjections pour se penser comme un être à part, quasiment un pur esprit, sous prétexte qu'il est pourvu d'une conscience. Voulant mettre fin à cette escroquerie intellectuelle, Spinoza le ramène sans ambages à sa condition, celle d'un rien dans l'infini.

Dès la première page de l'*Éthique,* Spinoza définit Dieu ainsi : « Un être absolument infini, c'est-à-dire une substance constituée par une infinité d'attributs, chacun d'eux exprimant une essence éternelle et infinie. » Plus loin, il assure : « Tout ce qui est, est en Dieu et doit être conçu par Dieu. » « Cause immanente de toute chose », ajoute-t-il, Dieu est aussi identique à la Nature ; à la fin, il n'est donc rien d'autre que la Nature.

Si la Nature se confond avec Dieu, vous ne mettez pas en péril la savante théorie de Spinoza en remplaçant Dieu par la Nature (ou l'inverse). À croire qu'il a introduit le nom de

Dieu comme un paratonnerre pour se protéger des foudres qui, en cas d'absence, n'auraient pas manqué de tomber sur lui.

Le spinozisme est un panthéisme agnostique qui n'ose pas dire son nom.

24

Toute la joie du monde

J'aime les matins. Dès que j'ouvre un œil, je me lève d'un bond et j'accours dans la cuisine pour me jeter sur des tranches de pain de petit épeautre que je tartine de confiture d'abricots de ma fabrication en souriant tout seul.

Le petit déjeuner est mon repas préféré. Je respire à fond, comme si j'avais manqué d'air depuis ma naissance. Si le temps le permet, j'ouvre les fenêtres, les portes qui donnent sur le jardin et je vais saluer mes amis les fleurs, les citronniers, les oliviers. Tous mes sens sont en éveil.

Souvent, quand je me couche, assommé de fatigue, je salive en pensant au lendemain. Il ne me déçoit jamais, même si les nouvelles ne sont pas bonnes, qu'un nouveau cancer me ronge la couenne, qu'un proche est à l'article de la mort. Honte à moi, j'ai toujours le matin joyeux.

Dans le Walhalla, pays de la mythologie nordique où les Walkyries, vierges pures et farouches, venaient prélever régulièrement les guerriers les plus valeureux, les hommes s'entretuaient toute la journée avant de ressusciter le lendemain pour le premier repas de la journée, vers 9 heures du matin. N'est-ce pas un résumé de nos vies ?

Je suis sûr que Spinoza commençait ses journées dans l'état de félicité qu'il célèbre dans son œuvre. Ne lésinant pas sur ses heures de travail, épuisé par ses toux, ce jeune vieux célibataire souffreteux n'était pas l'ascète que la légende a longtemps dépeint. Mais il veillait à ne jamais laisser de prise au chagrin, à la mélancolie, aux passions tristes.

Spinoza est le philosophe de la joie et même de la joie parfaite qu'il appelle la « béatitude ». À l'en croire, elle ne s'obtient pas en se conformant aux injonctions des religions, ni en respectant leurs morales à la lettre, ni en entretenant une relation personnelle avec Dieu dans son ciel. C'est la connaissance et l'exaltation de la Nature dans son infinité qui nous fera renaître au monde.

En somme, la « béatitude » n'est pas un résultat. C'est un état d'où tout découle ensuite. Elle n'est pas, écrit-il, « la récompense de la vertu mais la vertu même et nous n'en éprouvons pas la joie parce que nous réprimons nos désirs sensuels, c'est au contraire parce que nous éprouvons la joie que nous pouvons réprimer ces désirs ». Pour résumer, soyez heureux, le reste suivra.

Spinoza n'a rien à voir avec les autres grands philosophes, hormis Épicure ou Nietzsche. Il ne nous fait pas la leçon. Il ne nous montre pas un chemin. Il nous enjoint à nous abandonner à la

Nature. Le bonheur est simple comme bonjour. Il suffit de pas grand-chose, un coquelicot, une cascade, un baiser, un rire, une promenade en mer, pour nous remplir de la joie du monde. Nous sommes sur terre pour exaucer notre désir « d'être heureux, de bien vivre, de bien agir », et nous n'accéderons à la « béatitude » qu'en cédant sans complexe à notre « puissance d'exister », à notre « effort pour persévérer dans l'être ».

Puissé-je me faire pardonner de reprendre ces vers rédigés à quinze ans, dans la ferme gazouillante de mes parents, alors que je n'avais encore rien lu de Spinoza :

QUE MA JOIE DEMEURE

> Laissons dans les cieux
> Notre Dieu si glorieux
> Qu'il tonne et qu'il festonne
> Moi, je papillonne
> Ivre de nature,
> Des cambrures plein les yeux
> Mené par la force des pâtures
> L'esprit des étoiles
> Et la joie qui m'empale.

Si j'ai écrit ce poème sur l'herbe, c'est elle qui en est l'auteure. Je ne fais que transmettre. Quand je suis couché sur elle pour noircir mes cahiers, ce qui m'est souvent arrivé, je sens sa sève qui monte en moi et m'inspire pour clamer la joie du monde.

Pour parvenir à cette joie, il faut commencer par se défaire de l'esprit de sérieux, ce cousin de la vanité, qui étouffe et ridiculise tant d'humains. Sans parler de cette déploration convenue que Rousseau, notamment, a érigée en tradition française. Dans la Bible ou dans le Coran, il n'y a aucune trace de cet humour sans lequel nos vies, nos jours sont perdus. Dans l'un de mes passages préférés de l'*Éthique*, Spinoza affirme que le rire « bon par lui-même » est, avec la plaisanterie, l'une des meilleures voies d'accès à la joie pure. « Seule, édicte-t-il, une superstition farouche et triste peut interdire qu'on se réjouisse. »

Avec lui, les culs cousus et les peine-à-jouir en sont pour leurs frais. Il ne faut se priver de rien, ni de rire, ni de bonnes soirées entre amis, ni de savourer la plénitude du présent. Plus grande est notre joie, plus grande est notre perfection. La sagesse, explique Spinoza, consiste à utiliser « pour la réparation de ses forces et pour sa récréation, des aliments et des boissons agréables en quantité mesurée, mais aussi les parfums, l'agrément des plantes vives, la parure, la musique, le sport, le théâtre et tous les biens de ce genre dont chacun peut user sans aucun dommage pour l'autre ».

Le spinozisme est un hédonisme qui se consomme avec modération, à l'image du philosophe hollandais à la toilette soignée qui, vivant de peu, regardait le monde, un sourire aux lèvres, la pipe au bec, en suivant des yeux les barques avancer lentement sur le canal voisin de son logis. Affranchi d'à peu près toutes les croyances de son temps, il gardait cependant quelques préjugés gravés dans son cerveau par le monothéisme.

Quand ils sont de nature identique, les êtres peuvent à bon droit se sentir plus forts à deux, à trois et plus encore. Si les hommes doivent fusionner, c'est donc… entre eux. Dans l'*Éthique*, Spinoza écrit : « Les hommes ne sauraient souhaiter rien de plus précieux pour la préservation de leur être que le fait de s'accorder tous en toutes choses, de telle sorte que les Esprits et les Corps de tous composent comme un seul Esprit et comme un seul Corps. »

Réservé aux hommes, le panthéisme de Spinoza est discriminatoire envers le monde animal pour lequel il n'éprouve aucune pitié. Il n'est pas plus accueillant avec la femme qui, écrit-il, « n'est pas l'égal de l'homme ». « On ne pourrait instituer le règne égal des hommes et des femmes, observe-t-il très sérieusement, sans grand dommage pour la paix. »

Personne n'est parfait. Spinoza non plus. Mais comment pouvait-il prétendre se mélanger au monde si, par humanisme ou misogynie, il excluait de donner toute leur place aux femmes, à la faune, à la flore, à égalité avec les hommes ? C'est la limite de son système que d'autres grands esprits allaient, au fil des siècles, améliorer pour lui.

25

La déclaration d'indépendance d'Emerson

La Nouvelle-Angleterre, sur la côte est des États-Unis, est la patrie de la civilisation américaine, s'il y en a une. J'y ai souvent connu la béatitude en contemplant un lac, une baie laiteuse, une forêt d'érables, un coucher de soleil, comme si Dieu était de là-bas.

Célestielle, comme on disait jadis, est l'île de Martha's Vineyard. Encerclée par des étangs langoureux, sinuant entre les dunes, elle est le genre de lieu où l'on a envie de vivre après sa mort : un petit paradis fleuri, chantant, luxuriant, au large de Cape Cod, dans le Massachusetts, l'un des États les plus magnifiques de l'Union avec le Vermont, le Maine, le New Hampshire.

Devant un tel déluge de beauté, comment ne pas habiter au-dessus de soi-même ? Il était logique que le transcendantalisme, mouvement philosophique et spirituel, naisse là, dans l'Amérique originelle des lacs et des bois, au cours de la première moitié du XIXe siècle qu'il surplomba sur le plan culturel. Moral mais pas moraliste, encore moins moralisateur, il fut de tous les bons combats.

Féministe, antiesclavagiste, végétarien, pacifiste, écologiste avant l'heure, ce courant de pensée est américain jusqu'à la caricature. Ses idéaux ont même fini par se confondre avec l'histoire des États-Unis, nourrissant tour à tour la Beat generation, la vague Krishna, le courant hippie, la contre-culture et, à certains égards, le « politiquement correct », dans le bon sens du mot.

Aux États-Unis, tout le monde est, a été ou sera transcendantaliste mais, chose étrange, le mouvement n'a jamais réussi à s'implanter ailleurs, alors que son message universel aurait dû parler à tout le monde. Si, à Dieu ne plaise, je me retrouvais un jour en petite tenue devant le tribunal du Saint-Office, pressé de répondre aux questions stupides de l'inquisiteur impatient de connaître ma foi, j'avouerais, avant qu'il mette ses menaces à exécution, que je me sens transcendantaliste et puis aussi, bien sûr, chrétien, hindouiste, bouddhiste, épicurien, spinoziste, les six en un.

Influencés notamment par le bouddhisme et l'hindouisme, les transcendantalistes ont souvent pour livre de chevet la *Bhagavad-Gîtâ*, bréviaire de la doctrine védique. Toujours en état de recherche, ils ne donnent pas le sentiment d'avoir tout inventé, tout compris. Leur discours est d'une simplicité et d'une humilité confondantes. Pour rayonner davantage, il leur eût fallu de l'assurance, peut-être aussi une tragédie, des martyrs, des miracles. Mais ils sont désespérément rationalistes, j'allais dire équilibrés. Hormis les injustices du monde, rien ne semble devoir troubler leur bonheur d'être.

Leur figure de proue, le poète et philosophe Ralph Waldo Emerson, a certes quelque chose de messianique. Fils, petit-fils et arrière-petit-fils de pasteurs, il reprend le flambeau familial quand, après avoir exercé son office pendant trois ans dans la paroisse unitarienne la plus ancienne de Boston, il rompt avec son Église, pourtant tolérante. Après un voyage en Grande-Bretagne, il s'installe tout près de là, à Concord, l'une des villes les plus charmantes du Massachusetts, haut lieu historique.

Emerson s'impose rapidement comme conférencier : sa culture et son charisme font merveille auprès du public lettré de la Nouvelle-Angleterre. Il a le goût de la citation, du bon mot. Par exemple : « Le savoir-vivre est une façon heureuse de taire les choses. » Ou bien : « N'allez pas là où le chemin peut mener ; allez là où il n'y a pas de chemin et laissez votre trace. »

Publié en 1836, son premier livre, *Nature*, une mouture de plusieurs conférences, deviendra bientôt la bible des transcendantalistes. Un texte de rupture, une sorte de déclaration d'indépendance contre la vieille Europe, l'ordre ancien, les générations passées. « Pourquoi, demande-t-il d'entrée de jeu, ne pourrions-nous pas nous aussi entretenir une relation originale avec l'univers ? Pourquoi n'aurions-nous pas une poésie et une philosophie puisées en nous-même et non dans la tradition, une religion reposant sur une révélation qui nous soit propre ? »

Rien de compassé dans *Nature*, opuscule bouillonnant qui exalte l'individualisme, le cosmos, la contemplation, la rosée du matin, les bois « où se trouve la jeunesse éternelle », la secrète relation entre les hommes et les végétaux. Le tout avec de grands élans mystiques : « Debout sur le sol nu, la tête baignée par l'air joyeux et soulevée dans l'espace infini, tous nos petits égoïsmes s'évanouissent. Je deviens une pupille transparente ; je ne suis rien, je vois tout ; les courants de l'Être universel circulent à travers moi ; je suis une partie ou une parcelle de Dieu. »

*

Pas sophistiqué, le transcendantalisme est prosaïque, sensuel, un brin gnangnan. Avec ça, mystique, politique, amoureux de la nature. Militant pour « des droits des animaux autant que des droits de l'homme », c'est une philosophie d'intellectuels paysans ou marins, aux mains calleuses, aux visages rougeauds battus par l'air glacé, avec des oignons violacés sur les pieds. Plus le temps passe, plus elle paraît moderne. Elle ne s'en tient pas seulement à des généralités ; elle est en première ligne dans tous les bons combats.

À défaut d'être Dieu à lui tout seul, chaque humain l'a en soi. Le transcendantaliste habite au-dessus de lui-même. Il y a chez Ralph W. Emerson un anticonformisme, une absence totale de cynisme, l'obsession d'un dépassement de soi. « Accroche ton chariot à une étoile », clame-t-il. Comme tous ses amis ou disciples, il est si anti-esclavagiste qu'il met un mouchoir sur sa non-violence pour appeler de ses vœux un conflit armé du Nord contre les États sécessionnistes du Sud. Impitoyable avec la haine et la bêtise, il plaide pour la guerre auprès du président Abraham Lincoln qui s'obstine à tendre la main à ses ennemis.

Même si, en citoyen de la Nouvelle-Angleterre, il célèbre la courtoisie, Emerson se veut « prisonnier de sa conscience ». Décidé à laisser une belle trace de son passage sur terre, il ne fait pas de compromis et ne lâche rien. Dans un de ses textes les plus célèbres, gentiment cucul, il définit ainsi la réussite :

Rire souvent et beaucoup aimer ;
Gagner le respect d'êtres intelligents
et l'affection des enfants ;
Tirer profit des critiques de bonne foi et supporter la
    trahison
d'amis peu sincères ;
Apprécier la beauté ;
Voir ce qu'il y a de meilleur dans les autres ;
Donner de soi-même sans rien attendre en retour ;

Rendre le monde un peu meilleur
que ce soit par la grâce d'un enfant
en bonne santé, d'une âme sauvée
d'un carré de jardin ou d'une condition sociale meil-
*   leure ;*
avoir ri avec enthousiasme et chanté de tout son cœur ;
Savoir qu'un seul être a mieux respiré parce que vous
*   avez vécu,*
c'est cela, la réussite.

Longtemps proche de Ralph Waldo Emerson, son mentor dont il fut, entre autres, l'assistant, le jardinier, l'homme à tout faire, Henry David Thoreau l'a écrasé dans la bataille de la postérité. Fruste, bricoleur, géomètre, fabricant de crayons, peintre en bâtiment, écologiste d'avant l'écologie, il est l'archétype du héros américain qui a fait tous les métiers et va au bout, voire au-delà, de ses idées.

Henry David Thoreau est un célibataire de petite taille, le visage ingrat, les lèvres boudeuses, l'air têtu, habillé de guenilles qu'il lave rarement. Un clochard céleste, botaniste et malheureux en amour, qui refuse d'aliéner sa liberté et son idéal. « Un homme est riche de tout ce dont il peut se passer », assure-t-il. Comme François d'Assise, cet autre adepte de « la pauvreté volontaire », il a « épousé Dame Nature ».

Convaincu que rien n'est plus à craindre que la crainte elle-même, Henry David Thoreau recherche l'éternité dans chaque instant. Ivre de l'air qu'il respire, il le savoure, s'en délecte. En 1845, il se retire près de l'étang de Walden, dans le Massachusetts, sur un terrain appartenant à Emerson, pour « sucer la moelle de la vie ». Il construit une cabane avec les troncs des sapins qui sont sur place et se nourrit de haricots, de pommes de terre, de myrtilles sauvages. Il prétend vivre en autarcie mais garde quand même une vie sociale et se rend souvent à Concord. En sympathie avec les éléments, il est, malgré les aléas du temps, dans un état d'émerveillement permanent.

Panthéiste et anthropomorphiste, Thoreau peut faire une dizaine de kilomètres pour assurer un rendez-vous avec un hêtre ou une de ses vieilles connaissances parmi les pins. « Aimer la nature, écrit-il dans son *Journal,* c'est aimer l'homme. » « Il n'y a qu'un remède à l'amour : aimer davantage », dit-il ailleurs. Ébloui par la beauté du monde, il prend les jours comme ils viennent et se fiche de passer pour un apôtre de la fainéantise, revendiquant même haut et fort son manque absolu d'ambition : « Fais en sorte que gagner ta vie ne soit pas ton métier mais ton loisir. Jouis de la terre, mais ne la possède pas. » Irrésistible est sa nonchalante goguenardise : « Je me demande ce que fait le monde en ce moment. Voilà trois heures que je n'ai même pas entendu la moindre sauterelle dans les fougères. »

De cette expérience qui dure deux ans, deux mois et deux jours, Thoreau va tirer un superbe récit philosophique, foutraque, sans concept, *Walden ou la Vie dans les bois*, qui est devenu un livre-culte. Ce n'est que justice : depuis sa sortie en 1854, cet ouvrage, d'une modernité inouïe, a marqué nombre de générations, à commencer par la mienne. Tout comme un opuscule publié cinq ans plus tôt, *La Désobéissance civile*, où il prône une sorte d'anarcho-libéralisme après avoir refusé de payer ses impôts pour protester contre l'esclavage dans le Sud et la guerre au Mexique, ce qui lui a valu, pour son malheur, une nuit de prison – il aurait préféré beaucoup plus. « Dans un pays où l'esclavage est protégé et défendu, par les lois, observe-t-il, le seul endroit qui convienne à un honnête homme est la prison. »

Ouvert aux accommodements, végétarien à géométrie variable, l'indémodable Thoreau est insoumis mais pas doctrinaire. Avant de mourir de la tuberculose à l'âge de quarante-quatre ans, il s'était tourné vers le bouddhisme et l'hindouisme qui ont toujours fait bon ménage avec le transcendantalisme. Son culte de la nature et de la non-violence a marqué ou influencé Tolstoï, Hemingway, Giono, Gandhi. Il nous a appris que la société, si elle régente tout, fait de nous des épaves, des morts-vivants. Il reste un modèle indépassable pour tous ceux qui, depuis la petite enfance, quand ils regardent le ciel ou l'eau, n'ont d'autres rêves que de se mélanger à l'Univers.

26

Saint Charles Darwin, priez pour nous !

Ma première amie dans la vie ne fut pas un être humain mais cette poule noire, malingre, toujours un peu déplumée, qui avait un chant plaintif. J'avais quatre ou cinq ans. Dès que j'apparaissais dans le poulailler, elle se dirigeait vers moi et attendait que je plie les genoux pour se jeter dans mes bras, en serrant son cou contre le mien.

Ma poule était sentimentale, moi aussi, et nous nous cajolions mutuellement. Sujette aux extases, elle adorait que je lui caresse l'arrière de la tête. Elle s'appelait Maigriotte et avait une copine du genre replète, surnommée Crapoussine, qui attendait son tour, le regard suppliant. C'est à partir de là que j'ai cessé de manger de la poule, animal affectueux s'il en est.

Bien avant de lire Darwin, j'étais déjà darwinien sans le savoir. C'est le prophète qui nous a ramenés, nous autres humains, dans le monde animal d'où les trois religions monothéistes de cet hémisphère ont tenté de nous extraire pour nous jucher très haut sous prétexte que nous serions supérieurs aux autres créatures.

Le judaïsme, le christianisme et l'islam ont la même conception du monde : les hommes au sommet, les femmes en dessous, Dieu ayant conçu la première d'entre elles avec une côte de mâle, excusez du peu. Quant aux animaux, ils sont tout en bas, au-dessous du niveau de la mer, le même Dieu les ayant inventés pour que les humains aient quelque chose à becqueter. Telle est leur raison d'être.

Il suffit de les regarder vivre, aimer, jouer, pour juger débile la thèse de Descartes qui les considérait comme des « machines » ou des « horloges », destinées à finir en macérations dans nos intestins : dès mon plus jeune âge, j'étais anthropomorphiste et je le suis resté. Pathétiques sont les cartésiens, affligés d'un sentiment de toute-puissance qui, à mes yeux, relève de la psychiatrie.

Dans la ferme de mes parents, j'observai dès mon enfance que les bêtes faisaient tout comme nous, à commencer par l'amour. J'aimais mater les chats et les lapins en train de copuler, pendant que le coq protégeait son harem de poules avec bravoure, n'hésitant pas à attaquer des chiens beaucoup plus grands que lui quand ils avaient le malheur d'entrer dans notre clos. Je ne me lassais pas de regarder les animaux piquer des crises de fou rire, notamment la chèvre et le chien parce qu'ils rient, contrairement à ce que prétend ce gros lourdaud de Heidegger, abondamment copié par Sartre. J'étais convaincu, comme saint François d'Assise, que nous appartenions à la même famille que les animaux.

Je ne le criais pas sur les toits, jusqu'à ce que je découvre Charles Darwin. S'il n'avait existé, il aurait fallu l'inventer. N'était son chapeau noir, il ressemblerait à s'y méprendre aux représentations de Zeus sur sa montagne ou du Seigneur Tout-Puissant sur son nuage. Comme eux, il a le front haut, le menton autoritaire, la barbe blanche, l'allure divine, au point qu'on peut se demander si, un jour, il ne prendra pas leur place.

Dans l'histoire de l'humanité, il y a avant et après Charles Darwin, comme on pourrait le dire des grands prophètes comme Bouddha, Zarathoustra ou Jésus. Quand on pense à tous les imbéciles, escrocs, criminels qui ont laissé leur nom à un lycée, une place, une rue, pourquoi le sien est-il si rare sur les plaques ? Pour quelle raison est-il si peu célébré ?

J'ai ma petite idée sur la raison de cette injustice et ce n'est pas forcément celle que l'on croit. Bien sûr, la plus évidente est la haine que lui vouent les intégristes de l'islam, de la chrétienté, du judaïsme : pour eux, Charles Darwin est une incarnation du diable et il ne faut pas l'enseigner aux enfants.

Les intégristes ont une excuse. Jamais les monothéismes, religions à un seul Dieu, n'ont été autant mis à mal que par la théorie de l'évolution, apparue en 1859 avec la publication de *L'Origine des espèces* de Charles Darwin. Ce fut un coup de tonnerre dans le ciel des croyances qu'il pulvérisa en un seul livre. Soudain, l'interprétation littérale des livres sacrés devenait obsolète, absurde.

Comment donc ? Nous n'aurions pas été créés par Dieu ? Si nous « descendons » du singe, comment aurait-il pu nous façonner à son image, « en un seul jour », qui plus est ? Il fallait réécrire la Genèse, le Coran et, surtout, descendre du piédestal des religions que nous avions échafaudées, du moins en Occident, pour nous placer au centre de l'Univers.

Le darwinisme peut se résumer dans cette observation humoristique, que le grand naturaliste nota un jour sur un carnet : « Ainsi, ce sont bien nos ancêtres qui sont à l'origine de nos mauvaises passions ! Le diable, sous l'apparence du babouin, est notre grand-père. »

Il faut se méfier des mauvaises réputations. Grâce soit rendue au cardinal Ratzinger, le futur pape Benoît XVI, qui a fait opérer un tournant stratégique à l'Église catholique. « La théorie de l'évolution ne supprime pas la foi, observait-il en 1968. Elle ne la confirme pas non plus. Mais elle la pousse à se comprendre elle-même plus profondément. » En 2007, devenu souverain pontife, il rejetait définitivement le créationnisme.

Même s'il a toujours veillé à ne pas se laisser instrumentaliser par les athées, Charles Darwin attaquait les Églises dans leurs fondements mêmes en «bestialisant» l'espèce humaine. Mais la pression religieuse n'est pas la seule raison de la gêne, voire de l'ostracisme, que le naturaliste anglais continue de provoquer. On lui reproche, plus ou moins consciemment, d'avoir ramené les humains à cette animalité ontologique qu'ils cherchaient à transcender depuis des millénaires. Dire que nous descendons tous des bêtes n'est pas seulement dur à entendre pour les croyants, ça l'est aussi pour beaucoup d'athées.

La science a donné raison à Charles Darwin en établissant que l'humain possède 98 % de gènes «codants» en commun avec le chimpanzé : nous sommes des singes qui ont réussi.

Ils nous ressembleraient comme des jumeaux, n'étaient leur pilosité et la queue rabougrie qui les embarrasse quand ils veulent rester assis. Observez comme ils se tortillent sur leur postérieur. À la même place, au-dessus du fondement, l'espèce humaine n'a plus qu'un moignon : le coccyx, ramas de vertèbres soudées, atrophiées, et reliquat de la queue qui nous permettait jadis de chasser les mouches ou de garder l'équilibre quand nous sautions d'une branche à l'autre.

De quoi aurions-nous l'air aujourd'hui si l'évolution avait gardé ce cinquième membre? Que seraient nos vies, à nous autres humains, si nos queues d'antan étaient restées telles quelles? Impossible de se prendre au sérieux. Condamnées à la robe, bouffante de préférence, pour que leurs queues puissent prendre leurs aises, les femmes seraient mieux loties que les hommes, confirmés dans leur statut de personnages absurdes : à moins de l'assumer en la laissant sortir par un trou dans le pantalon, une seconde braguette.

Imaginez les présidents, les académiciens, les papes, les grands muftis, les rabbins, les nababs en train de se contorsionner sur leurs fauteuils en bois doré : leur queue ne serait-elle pas une humiliation permanente ? D'une certaine façon, Charles Darwin nous a éloignés de Dieu en nous rapprochant des latrines. Avec lui, la terre l'a emporté sur le ciel, la pesanteur sur la grâce.

Ironie du sort : fils et petit-fils de libres-penseurs, Charles Darwin avait envisagé d'entrer dans les ordres quand il étudiait à l'université d'Oxford la théologie de l'Église d'Angleterre. Une grande partie de sa vie, il crut, selon ses propres mots, à « la vérité littérale stricte de chaque mot de la Bible ». Il ne perdit vraiment sa foi qu'après la mort de sa fille Annie, à l'âge de dix ans, après une maladie infectieuse, lors du week-end de Pâques 1851. À partir de cette date, il se déclara théiste ou agnostique tout en refusant d'être considéré comme athée. Du moins de son vivant.

Sa femme avait censuré les passages relatifs à la religion dans les premières éditions de ses mémoires posthumes, *Souvenirs sur le développement de mon esprit et de ma personnalité*. C'est seulement en 1958, longtemps après la mort de son épouse, que fut publiée une version non expurgée où l'on peut lire : «J'en suis venu peu à peu à refuser de croire au christianisme comme à une réalité divine [...]. L'incrédulité m'a envahi lentement, mais au bout du compte d'une façon complète. Les progrès ont été si lents que je n'ai senti de désarroi et depuis n'ai jamais douté fût-ce une seconde que ma conclusion était exacte. »

Cet aveu laisse pantois. Comment un scientifique de la trempe de Darwin a-t-il pu croire si longtemps à une interprétation littérale du christianisme qui fait rire tant de croyants, à commencer par un ancien pape, il est vrai très cultivé, comme Benoît XVI ? Les monothéismes fabriquent de la pensée magique. Un jour, après que j'eus donné au Vatican une conférence quelque peu déjantée devant un synode de marbre, plusieurs cardinaux vinrent m'expliquer qu'il était normal que l'accueil de leurs collègues fût si frais : selon eux, l'Église vivait sur une autre planète. Pour preuve, l'un des leurs, Angelo Sodano, personnage aussi puissant que respectable, venait d'imputer à la Sainte Vierge l'invention des hautes technologies !

Rien ne dit que l'histoire édifiante racontée par les apôtres soit avérée, mais ce n'est pas le problème : elle a ouvert des portes sur l'infini. Il y a en elle une force, une beauté qui ont inspiré les plus grands peintres et prosateurs, de Michel-Ange à Blaise Pascal.

Les religions entravent Dieu quand elles ne le rapetissent pas. Pour se rapprocher de lui, il faut savoir les dépasser. Il est plus que temps d'envisager un Dieu *en dehors* des religions. Un Dieu libre de toute attache humaine.

27

Pour en finir avec l'ethnocentrisme

Aussi longtemps que je me souvienne, j'ai toujours aimé le Christ qui fut, jusqu'à son sacrifice, du côté des petits, des humiliés, des offensés. Il incarne l'absolu dans tous ses états et vers lui me porte une admiration sans bornes, d'autant que je retrouve dans sa démarche le masochisme qui habitait ma mère.

Quelque chose, pourtant, me retient à la porte du christianisme. L'idée que nous sommes une espèce supérieure sous prétexte que, contrairement aux huîtres ou aux vaches, nous serions dotés d'une âme éternelle. J'ai beau me sentir, me proclamer chrétien, je ne peux croire, comme Spinoza, à l'immortalité qui semble avoir été inventée par les clercs ou les théologiens pour faire de nous des petits dieux.

D'où vient l'idée absurde que nous serions éternels alors que tout meurt autour de nous, les papillons, les planètes, les étoiles ? De la morgue pathétique des monothéismes qui, on ne le répétera jamais assez, font tourner la Terre autour de l'homme et lui seul. Même pas autour de la femme, considérée comme une moins que rien, rognure de cul de basse-fosse.

Si Dieu est éternel, il faut que l'homme le soit aussi, d'autant plus qu'il a été créé, à en croire la Bible ou le Coran, à l'image du premier. D'où la représentation chez les chrétiens, chose interdite chez les musulmans, du Seigneur Tout-Puissant en vieillard barbu, le sceptre à la main, comme un vulgaire roi du Moyen Âge.

L'ethnocentrisme est la grande maladie des religions monothéistes qui accusent d'anthropomorphisme, injure suprême, tous ceux qui ne marchent pas droit. Elles osent prétendre que Dieu a créé l'homme ex nihilo alors que Charles Darwin nous a prouvé que nous descendions de la vie la plus élémentaire par des chemins tortueux.

Après le séisme provoqué par Charles Darwin, le récit religieux de la Création du monde a été à nouveau sapé par la découverte de l'existence de millions, pardon, de milliards d'exoplanètes du cosmos qui, en dehors du Système solaire, ont les mêmes caractéristiques que la Terre et peuvent abriter la vie, une autre vie que la nôtre, sous la forme de poulpes marcheurs, volants ou Dieu sait quoi.

Voilà qui relativise sacrément notre Genèse. Avant ou après avoir créé notre Terre, Dieu aurait-il donc créé aussi toutes ces exoplanètes ? On comprend qu'il soit très occupé et qu'il n'ait plus beaucoup le temps de passer ici-bas.

S'ils veulent survivre avant de sombrer dans le ridicule, les monothéismes n'ont d'autre choix que de se réconcilier peu à peu avec le panthéisme, l'hindouisme, le jaïnisme, le bouddhisme, le taoïsme ou l'animisme qui les ont précédés sur terre en Inde, Perse, Égypte, Afrique, etc. Autant de religions ou morales ancestrales où, comme l'observait Hegel, le principe divin est plus ou moins confondu avec la nature.

Depuis longtemps, la littérature ou la philosophie ont ouvert la voie. Alexis de Tocqueville écrivait dans le second volume de *De la démocratie en Amérique*, publié en 1840 :

> *Si je rencontre un système philosophique suivant lequel les choses matérielles et immatérielles, visibles et invisibles, que renferme le monde, ne sont plus considérées que comme les parties diverses d'un être immense qui seul reste éternel au milieu du changement continuel et de la transformation incessante de tout ce qui le compose, je n'aurai pas de peine à conclure qu'un pareil système, quoiqu'il détruise l'individualité humaine, ou plutôt parce qu'il la détruit, aura des charmes secrets pour les hommes qui vivent dans la démocratie.*

Et d'annoncer qu'ils finiront par l'adopter. Si Tocqueville le dit... Depuis longtemps, tout va dans ce sens-là, la science, la littérature, la poésie. On peut même dire que cette dernière, plus que toute autre discipline, est panthéiste, en particulier sous les plumes de Goethe ou de lord Byron : elle mélange tout, les colères, les orages, les seins, les collines, les murmures, les brises d'été. La mer devient une personne. C'est à cette confusion que je succombais quand j'écrivais il y a une vingtaine d'années, après une journée de bonheur passée sur l'île du Frioul, au large de Marseille :

UN APRÈS-MIDI DE LAIT

De coton blanc vêtue
La mer dort d'un œil
Avec un sourire mou
la voilà qui m'appelle
en offrant ses cambrures
Elle est le lit qui attend,
Les bras que l'on tend,
La joie que l'on prend
Un broc de lait renversé
Il faut fouetter la crème
Pour qu'elle monte au ciel
Qui a cassé la cruche ?
Il n'y a plus rien à boire
Que monte l'ivresse
Apportez-moi le vin
Levons nos verres aux vagues
Qu'on les tire du sommeil
Mais rien ne les réveille
Passent les heures
Les ballons, les oiseaux

172

Les nageurs, les bateaux
L'azur m'a enlevé
Je me suis fondu
Noyé sous l'infini
Un nuage parmi d'autres
Le temps s'est arrêté
Ne me dérangez plus
Je suis plein de silence
d'onde, de vent chaud
Une goutte d'éternité
Ivre de cosmos
Rien ne m'en arrachera plus
Jusqu'à mon dernier souffle.

Les tristes sires et les rabat-joie de l'humanisme ou des religions monothéistes ne souffrent pas ce qu'ils appellent avec mépris l'anthropomorphisme, ce cousin de l'animisme qui prolifère partout dans le monde. En Afrique surtout, mais aussi en Chine, au Cambodge, en Indonésie, en Scandinavie. Les animistes pensent qu'il y a des âmes partout, jusque dans les pierres, et qu'un souffle vital habite les humains, les animaux, comme les objets, les éléments, les nuages, la foudre.

Pour les animistes, il y a toujours de la vie derrière la matière. C'est une évidence : la mer, la montagne, les animaux, les rivières, les arbres, les fleurs sont des personnes formant avec nous autres humains une seule même personne traversée par un même souffle, le souffle de celui que j'appelle Dieu.

Je tiens cette conviction d'un écrivain majeur du XXe siècle que je n'ai jamais connu, mais qui, le temps et les lectures aidant, est devenu l'un de mes meilleurs amis : Jean Giono, le Homère de la Provence, le roi des panthéistes, qui sent le thym, la lavande et le vieux pull lavé à l'air frais. Fils d'un cordonnier anarchiste de Manosque, c'était un autodidacte imprégné de culture gréco-latine et sa voix faisait écho à celle de Virgile, autre grand adorateur de la nature, des sources, des pâturages, qu'il avait découvert à seize ans.

Rares sont ceux qui ont aussi bien parlé que Jean Giono des forêts qui respirent, de la chair des collines, des cheveux des pins, de la terre meurtrie par l'été « avec ses gros pieds embourbés de soleil ».

28

Le roi Jean

Il y a longtemps, dans une autre vie, j'habitais le pays de Jean Giono, un morceau de paradis tombé en Haute-Provence. Je m'étais installé à Pierrevert, près de Manosque, exprès pour pouvoir marcher sur ses pas en fin de semaine, arpenter la rue Grande, respirer son air, trouver dans son sillage « le silence et la paix gorgée de richesses ».

C'était un gai luron qui n'avait laissé que de bons souvenirs. Un de ses anciens amis manosquin me raconta qu'un jour, alors qu'il se soleillait avec le grand homme à la terrasse du Glacier, son café officiel, remplacé depuis par une banque, un touriste lui avait demandé le chemin de l'église Notre-Dame de Romigier.

Giono lui avait indiqué la direction inverse avec une profusion de détails : il fallait passer la place avant de bifurquer à droite, descendre la route, tourner à gauche et, avant le ruisseau qui coule son jus noir, entrer dans un parc et patin-couffin…

Pendant que le touriste s'éloignait, l'ami s'indigna : « Enfin, Jean, pourquoi l'as-tu envoyé dans le sens contraire, si loin de l'église ? » Alors, le grand écrivain : « Parce que ça lui fera du bien de voir du pays ! » Tel était Giono : cosmique, rustique, farceur, amateur de bonnes histoires, surtout quand elles étaient fausses. Il a donné au panthéisme une langue, un corps, une incarnation.

Dans la dernière nouvelle de son recueil *Solitude de la pitié*, il écrit : « Je sais bien qu'on ne peut pas concevoir un roman sans homme, puisqu'il y en a dans le monde. Ce qu'il faudrait, c'est le mettre à sa place, ne pas le faire au centre de tout. » Pourquoi faut-il que la littérature tourne toujours autour de lui ?

Giono préconise de faire vivre d'autres habitants de l'Univers.

Par exemple, un fleuve. Au même titre qu'un humain, c'est un personnage « avec ses rages et ses amours, sa force, son dieu hasard, ses maladies, sa faim d'aventures ». De même les rivières et les sources. Ce sont aussi des personnages, écrit Giono, « elles aiment, elles trompent, elles mentent, elles trahissent, elles sont belles, elles s'habillent de joncs et de mousses ». Avec les champs, les landes, les collines, les plages, les océans et beaucoup d'autres choses, tout cela forme « une société d'êtres vivants » et il serait temps que nous tenions enfin compte des « psychologies telluriques, végétales, fluviales et marines ».

De livre en livre, Giono développe sa conception panthéiste et animiste de l'Univers. Dans

Jean le Bleu, son autobiographie, il écrit : « Nous sommes le monde. » Puis il explique : « Le vent, les oiseaux, les fourmilières mouvantes de l'air, les fourmilières du fond de la terre, les villages, les familles d'arbres, les forêts, les troupeaux, nous étions tous serrés grain à grain comme une grosse grenade, lourde de notre jus. »

Aucune idéologie là-dedans, fors celle de la terre que célébra le régime de Vichy sous l'occupation nazie : elle valut à Giono, par ailleurs pacifiste militant, quelques ennuis après la Libération, une détention de cinq mois et une interdiction de publication suivie d'une quarantaine de presque six ans.

Chez Giono, pas la moindre tentative de théorisation. Il ne creuse pas, il sent. Il ne pense pas, il trace. Mais le chantre de la paysannerie a expérimenté ses intuitions panthéistes à partir de 1935 en réunissant régulièrement en communauté plusieurs dizaines d'amis sur le plateau du Contadour, loin du monde, pour y vivre la joie, mot qui revient tout le temps dans *Les Vraies Richesses*, le livre qu'il consacre à cette aventure.

Dans ce texte, Giono dénonce la société de l'argent et la vie citadine : « Tu n'es plus au moyeu de la roue mais dans la roue, et tu tournes avec elle. » Prêcheur d'humilité, il s'en prend aussi à la vanité de la culture des villes : « Les systèmes philosophiques ne s'essayaient qu'à te perfectionner dans la connaissance de toi-même. Les efforts qu'on faisait pour tout expliquer et tout ordonner par rapport à toi t'avaient donné une orgueilleuse idée de ta position dans le monde. »

Même s'il s'est toujours cantonné à son travail d'écrivain, Giono aurait pu, avec un petit effort, devenir un prophète à la Bouddha. Sa maison, Lou Paraïs, perchée sur un flanc du mont d'Or, a été vendue à la ville de Manosque et rien n'empêche qu'elle ne devienne un jour un lieu de culte drainant chaque été des dizaines de milliers de pèlerins, venus de l'autre bout du monde pour lire à haute voix, la nuit, les textes sacrés du gionisme.

Dieu m'a souvent rendu visite quand j'habitais le pays de Giono. Un sourire, une espèce de vertige, un chatouillis dans la poitrine, un sentiment d'harmonie devant *sa* présence. C'étaient les quatre signes. La plupart du temps, je les ressentais lorsque je venais contempler la Vierge noire de l'église Notre-Dame de Romigier que je fréquentais beaucoup à l'époque, au point de passer pour un crapaud de bénitier. Si je restais longtemps à la regarder, je pleurais de bonheur. Mais des fois, ça ne marchait pas et je rentrais bredouille, l'âme en peine, à la maison.

J'étais à peu près sûr de rencontrer Dieu, même l'hiver, quand j'allais au nord de Manosque, à Sisteron, au sommet de la citadelle de Vauban, et me retrouvais au milieu des montagnes blanches comme la mort qui crevaient le ventre de gros nuages noirs, pourchassés par le vent. Par beau temps, je vérifiais qu'il n'y avait personne avec moi sur la forteresse pour céder à mon irrépressible envie de hurler mon bonheur à tue-tête.

Non loin de là, sur le plateau de Ganagobie où trône un monastère bénédictin d'une humilité orgueilleuse, à pic au-dessus de la vallée de la Durance, le même Dieu accourait dès qu'il entendait le bruit de mes pas sur les pierres. J'en vins à me demander s'il n'habitait pas là au milieu des aigles. Je l'ai vu aussi régulièrement à Valensole ou à Sainte-Croix-du-Verdon. Je crois n'être jamais tombé autant de fois sur lui que pendant la période où j'habitais les Alpes-de-Haute-Provence.

Le corps de Dieu est gravé partout, dans nos yeux, nos cœurs, nos âmes. Le voir est donné à chacun d'entre nous, à condition de savoir qu'il est *là* et de l'attendre. Il est comme les chats. Il vient quand il veut et où il veut, mais il vient toujours, un jour ou l'autre.

29

L'Inde, paradis des animaux

Quand il palabrait avec ses amis du côté de la montagne de Lure, à la tombée de la nuit, quand les cigales se reposaient, Jean Giono aimait échanger sur l'hindouisme. Même si rien ne permet de l'affirmer, je suis convaincu qu'il était hindouiste de cœur alors qu'il n'avait jamais mis les pieds en Inde.

Si Giono était venu à l'hindouisme par les livres sacrés, il avait bien du mérite. Pour ma part, ce n'est pas la lecture assez barbante, pour rester poli, des Veda ou du Mahābhārata, qui a mené mes pas aux portes de l'hindouisme. C'est un voyage au Rajasthan, à l'aube de la cinquantaine.

Le Rajasthan apparaît, à bien des égards, comme le berceau de la civilisation humaine. Le paradis de l'antispécisme. La matrice de toutes les religions comme l'atteste la présence de mots hindous dans la Bible. C'est d'Inde que nous vient, avec l'hindouisme, la première explication du monde dans l'ordre chronologique, avec plusieurs siècles d'avance sur la nôtre.

Contrairement à la légende, l'hindouisme n'a rien à voir avec le Taj Mahal, chef-d'œuvre de mauvais goût, qui semble sorti d'un film de Walt Disney. Une pièce montée de marbre blanc qui est, en fait, un mausolée érigé par un empereur musulman du XVIIe siècle à la mémoire de son épouse favorite après sa mort en couches, alors que l'islamisation de l'Inde était à son apogée.

Largement majoritaire en Inde aujourd'hui, l'hindouisme compte 330 millions de dieux, une tripotée de prophètes dont Bouddha et Jésus, des hymnes à destination de dix mille bovins, toutes sortes de rituels, de mythologies. Sans fondateur ni Église, rongé par l'ésotérisme, il est si chamarré et tellement plein de contradictions qu'il ne peut prétendre, comme l'islam ou le christianisme, porter un discours universel et gouverner un jour le monde.

Même s'il a pu avoir des coups de sang dans le passé, l'hindouisme est d'une nature paisible et pacifiste, n'en déplaise à ses contempteurs monothéistes. Après avoir été conquis et piétiné par les armées musulmanes ou britanniques, il ne se laisse simplement plus passer dessus comme par le passé. D'où les émois de vierges pures qu'il provoque régulièrement chez les intellectuels occidentaux arrogants et bien-pensants, autant d'euphémismes. Les bouffons !

Le 26 mai 2017, date historique, le gouvernement du parti nationaliste hindou de Narendra Modi a interdit le commerce des bovins ainsi que celui des chameaux à des fins d'abattage. La grande majorité des États indiens a déjà proscrit les tueries de vaches, leurs auteurs pouvant écoper de peines de prison allant jusqu'à la perpétuité. La vache indienne est désormais sacrée animal national.

Considérée par l'hindouisme comme «Mère universelle» et incarnation parfaite du monde animal, la vache est célébrée dans tout le pays pour son lait, son babeurre mais aussi pour sa bouse et son urine dont les vertus désinfectantes sont reconnues, ses selles servant par ailleurs de combustible quand elles ont été mélangées à de la paille séchée.

Placé sous le signe de l'ahimsa, autrement dit l'absence du désir de tuer, l'hindouisme est végétarien pour ne pas dire végan. La grande différence entre la civilisation indienne et notre monde judéo-chrétien, c'est qu'elle favorise le bien-être des animaux, autorisés à vivre en liberté partout, dans les rues, sur les toits.

La plupart du temps, les animaux vivent en bonne intelligence. À Jaipur, la capitale du Rajasthan, j'ai surpris un jour une truie naine langoureusement allongée qui donnait la tétée à sa remuante portée pendant qu'un jeune singe semblait lui épouiller la gorge. Une autre fois, à Jodhpur, surnommée la ville bleue parce que beaucoup de maisons y sont peintes de cette couleur, celle des brahmanes, j'ai vu des entelles, sublimes singes argentés à tête noire et longue queue, donner à manger à un dromadaire couché devant son chariot, et une femelle de la même espèce qui, juchée sur un mur, câlinait un chiot.

Loin de moi l'idée que l'Inde araserait miraculeusement les instincts des animaux carnivores pour inventer un monde d'amour et d'empathie. À Jaisalmer, l'une des plus belles villes du monde, surnommée la cité dorée, aux confins du Pakistan, je m'émerveillais de l'architecture en dentelles des palais et des temples quand je suis tombé sur une meute grondante de chiens qui mangeait une vache encore un peu vivante, mais qui n'avait plus la force de bouger ni de meugler.

« On peut juger de la grandeur d'une nation par la façon dont les animaux y sont traités », disait Gandhi. Mais force est de reconnaître que les animaux sont comme nous : quand ils ne se mangent pas entre eux, ils ne se traitent pas toujours très bien, y compris sous les cieux apaisés de l'Inde éternelle. Dans le poulailler, les plus forts s'acharnent souvent jusqu'à la mort contre la volaille la plus faible dès lors qu'elle est blessée.

Ne soyons pas dupes non plus des petits arrangements de l'hindouisme avec ses principes. En Inde, les vaches sacrées sont légion, bloquant la circulation, saccageant les jardins. Mais où sont passés les taureaux ? Gageons que les minorités religieuses mangeuses de viande, musulmanes, intouchables ou chrétiennes, aident en loucedé les hindouistes à réguler la population des mâles…

Si, dans cette région du monde, les animaux semblent cohabiter à égalité et en harmonie avec nous autres humains, c'est parce que l'hindouisme, le bouddhisme ou le jaïnisme leur donnent une place importante à travers la croyance de la transmigration des âmes et du cycle des renaissances. Leur credo : nous ne cessons de naître, mourir et renaître, et chacune de nos actions, de nos pensées, détermine nos futures incarnations.

Pour l'hindouisme, la vie se résume à un cycle de morts et de naissances, jusqu'à cinquante-deux millions de fois où nous serons réincarnés en animaux ou en végétaux avant de renaître, enfin, comme êtres humains. L'objectif de nos existences est de réussir notre karma en obtenant une gratification pour bonne conduite lors de nos prochaines apparitions sur terre. C'est ce qui explique les égards qu'ont les Indiens pour les animaux : le chien errant en train de réclamer sa pitance, n'est-il pas la réincarnation d'un oncle ou d'un cousin qui aurait été puni de s'être mal comporté pendant une vie antérieure ?

Le principe de la rétribution des actes pour la vie à venir a ensuite été repris par le christianisme comme par l'islam : soyez gentils, écoutez ce qu'on vous dit, répètent les derniers à l'envi, et vous irez au paradis. Comme le jaïnisme, l'hindouisme assure mêmement qu'en se tenant bien pendant l'une de ses innombrables existences, le croyant pourra sortir du cycle infernal des renaissances et accéder à la délivrance (moksha) en mélangeant son âme à l'Absolu, c'est-à-dire à Brahman, l'âme universelle, avec celles de ses semblables, des bêtes, des végétaux. Le salut ne vient pas par le trépas, la mort précédant la vie et inversement. Il vient par la méditation, l'action, le jeûne, la connaissance.

L'hindouisme est une religion merveilleuse où tout est relatif : les morts y vivent et les vivants n'y meurent qu'après avoir vécu des millénaires quand ils ont enfin compris que tout est Brahman et Brahman, le tout.

Au lieu de prendre le jaïnisme et l'hindouisme de haut, les chrétiens et les musulmans seraient bien inspirés de mettre un peu d'hindouisme dans leur religion. Elle serait moins terre à terre.

30

La vie n'est pas éternelle,
c'est la mort qui l'est

La vie est bien faite. Quand l'âge vient, avec son hideux cortège de deuils et de douleurs articulaires, les pieds en capilotade, la bronchite chronique, les pneumonies à répétition, le nez qui coule, les vieux copains qui calanchent, la mort devient quelque chose de naturel, j'allais dire une délivrance. À la fin de la soixantaine, elle ne fait même plus peur.

Je fais désormais partie de la confrérie des « Ouktamal », dont la conversation me soûle. Elle est toujours la même ; tout va de mal en pis. C'est à se demander, parfois, si votre vieux corps à la ramasse ne cherche pas à vous dégoûter de vivre. Observez comme il peine à vous suivre alors que, dans votre tête, vous avez toujours vingt ans. Mais vous êtes bien le seul à croire à votre jeunesse : les miroirs que vous fuyez et que vous croisez parfois, par surprise, sont là pour vous rappeler l'atroce vérité.

Le vieillissement est une lente dépossession. L'âme prend ses distances avec le corps qui, au-dessous, fait encore semblant. Le mien a de plus en plus de mal à faire semblant. Je suis souvent pris de somnolence et peux, à ma grande honte, faire plusieurs siestes par jour. Ma fatigue grandit si vite que je crains qu'elle ne m'engloutisse avant ma mort.

Je ne rêve plus que de passer ma vie à dormir. Je ne m'inquiète pas : ça viendra bien assez tôt. Longtemps, j'ai cru que ma fatigue s'arrêterait une fois que j'aurais quitté la vie active, comme on dit. Or, moins je travaille, plus je suis épuisé. C'est le signe, je le sais, que la mort n'est plus bien loin. La vie est une vague qui reprend toujours ce qu'elle a donné.

Sans doute vaut-il mieux mourir vivant, l'âge importe peu. Pour ce faire, il faut accepter l'idée de mourir à tout instant. C'est ce qui rend le fait de vivre plus beau, plus excitant. « Vis chaque jour comme si c'était le dernier », nous enjoint Marc Aurèle. Si j'avais écouté plus tôt l'empereur-philosophe, je n'aurais pas gâché ma jeunesse, ce qui était quand même mieux que de n'en rien faire. J'essaie maintenant de ne pas gâcher ma vieillesse.

Je vois beaucoup de mes amis se la gâcher en se posant toutes sortes de questions métaphysiques que j'ai cessé depuis longtemps de me poser. Avons-nous une âme ? Y a-t-il une vie après la mort ? Sommes-nous vraiment immortels ? Ce sont quelques grandes interrogations humaines auxquelles la science n'est pas près de nous donner des réponses. Je les attends mais cela ne m'empêche pas d'avoir déjà mon opinion.

En 1907, Le *New York Times* révélait que Duncan MacDougall, un médecin de Haverhill, dans le Massachusetts aux États-Unis, s'était livré avec quatre collègues à une expérience prouvant que l'âme humaine existe et qu'elle pèse 21 grammes (trois quarts d'once). Pesant six personnes à l'agonie avant et après leur mort, ils avaient observé une baisse de poids incompréhensible. D'où leur étrange conclusion.

La découverte avait fait grand bruit. Mais elle était sujette à caution. Qui a vu un moribond passer l'arme à gauche sait que le corps se débonde et lâche des écoulements. Les médecins avaient tenu compte de ce phénomène. Pour des raisons diverses, ils éliminèrent tous les résultats de leurs cobayes sauf ceux de l'un d'entre eux. À partir de l'examen de ce dernier, ils établirent qu'il y avait une différence de 21 grammes entre l'état de vivant et celui de mort : tel était donc, selon eux, le poids de l'âme humaine sortie du corps humain.

Si cette expérience de bras cassés a fait long feu dans la communauté scientifique, elle a encore des adeptes sur la terre. C'est normal. « Il y a une quantité considérable de mensonges tout autour du monde, observait Winston Churchill, et le pire, c'est que la moitié au moins sont devenus vrais. »

Il n'est nul besoin d'attribuer un poids standard à l'âme pour être convaincu qu'elle existe et je sais que je ne suis pas le seul dans ce cas. Depuis sa mort, il y a trente ans, je parle au moins une fois par jour à ma mère morte et elle m'entend puisqu'elle me répond. Cela me suffit pour croire à l'âme mais je me dis souvent que la sienne en moi ne survivra pas, hélas, à mon trépas.

Si j'aime la vie comme au premier jour, je me suis habitué à l'idée de mourir alors que, dans mes jeunes années, elle m'effrayait. Ce n'est pas du courage ni de l'aveuglement : ma foi n'y est pour rien. À l'âge où tant de monde est descendu du train et où l'on se sent parfois un peu seul dans son wagon, la côtoyer est devenu une routine.

Je me souviens de mon premier cancer, un cancer de la prostate. Il avait fallu plusieurs relances de mon médecin, le professeur Bernard Debré, pour que je consente enfin à faire les examens qu'il m'avait prescrits. Après qu'il les eut reçus et commentés, je fus pendant vingt-quatre heures dans un état de panique absolue, proche du ridicule, jusqu'à ce que je me rende en consultation où il me sermonna : « On a perdu du temps. Quand tu ne t'occupes pas de ta santé, c'est elle qui s'occupe de toi.

— Crois-tu que je puisse m'en sortir ?

— Bien sûr. Ce cancer est ce qui pouvait t'arriver de mieux. Je préfère encore les hypocondriaques aux "je-m'en-foutistes" dans ton genre qui pensent que la vie est un dû alors que c'est une chance. Il faut la mériter et se battre sans répit pour elle. Maintenant, grâce à la maladie, tu vas devenir un homme et profiter de chaque seconde de vie. Tu ne te la laisseras pas voler et il n'est même plus inconcevable que tu vives très vieux. »

Bernard Debré avait raison : ce cancer m'a changé. Depuis, j'ai pris le temps de perdre mon temps, ce que je n'avais jamais su vraiment faire. Je me suis laissé aller de plus en plus à la contemplation, la musarderie, l'école buissonnière, exercices que j'avais toujours pratiqués, mais, désormais, je n'éprouvais plus la moindre culpabilité quand je m'y adonnais. Il ne faut pas se contenter d'exister, il faut vivre : la vie est un bol de framboises qui ne repasse jamais et qu'il est recommandé de manger, savourer, de toute urgence, parce qu'il peut vous être retiré de la bouche à tout moment.

La vie, il faut s'amuser avec, non pas l'économiser ni regarder ailleurs en attendant la prochaine, contrairement à ce que prétend Blaise Pascal pour qui la meilleure chose, ici-bas, est l'espérance d'une autre vie. Foutaise ! Jusqu'à nouvel ordre, nous n'en avons qu'une. Comme on sait qu'elle finira mal, dévorons-la jusqu'à la moelle en suivant le précepte de Sénèque : « Hâte-toi de vivre et vis chaque jour comme si c'était une vie en soi. »

Ne vaudrait-il pas mieux apprendre à vivre plutôt qu'apprendre à mourir ? Esprit brillant, Sébastien Roch Nicolas, un enfant naturel qui se faisait appeler Chamfort, travailla pour le prince de Condé,

Mirabeau, Talleyrand, avant de rejoindre la Révolution française. C'est l'auteur de plusieurs formules célèbres comme : « La plus perdue des journées est celle où l'on n'a pas ri. » Une autre fois, d'humeur plus sombre, ce ronchon misanthropique avait observé : « Apprendre à mourir ? Pourquoi ? On y réussit très bien la première fois. »

Sa fin est la preuve que non. Pendant la Terreur de 1793, Chamfort est emprisonné, puis relâché. S'attendant à être arrêté à nouveau, sans doute pour finir, cette fois, sur l'échafaud, il décide de se suicider en se tirant une balle en plein visage. Las ! Il ne réussit qu'à s'arracher le nez et à s'endommager une partie de la mâchoire. Pour en finir, il entreprend de se trancher la carotide avec un coupe-papier. Nouvel échec. Il tente alors de se l'enfoncer dans la poitrine. En vain.

Il s'évanouit et c'est ce qui va le sauver, mais provisoirement. Il mourra, quelques mois plus tard, des suites de ses blessures.

*

Le cancer et la vieillesse ne peuvent gâcher en aucune façon la blondeur du matin, le chant des cigales, le craquement du ventre juteux et rougeoyant d'une figue fraîche sous les dents. Je compte bien m'émerveiller de tout cela, même en fauteuil roulant, jusqu'à mon dernier souffle. Humer, aimer jusqu'au bout, telle sera ma règle. Ce n'est pas la peine de s'appeler Einstein pour comprendre que, depuis notre naissance, nous sommes sur une bicyclette et qu'il ne faut jamais cesser de pédaler si l'on ne veut pas tomber.

Un matin, en me levant, j'aperçus, en même temps que je ressentais un léger étourdissement, une grande ombre noire qui passait, sur un fond gris et voilé avec des reflets jaunasses, comme une eau sale. C'était la mort, je l'ai tout de suite reconnue. Elle est revenue me visiter plusieurs fois, par la suite, et puis je n'en ai plus vu la couleur. Je préfère.

Même si elle est souvent décrite par ceux qui en reviennent comme un faisceau de lumière blanche, ma mort à moi sera noire, je le sais, je l'accepte. La couleur du sommeil, de l'abandon, de la terre, comme l'ont entrevue tant de personnes sur le point de passer l'arme à gauche. « Je vais faire un grand saut dans l'obscurité », déclara Thomas Hobbes avant de mourir. Quant à Gérard de Nerval, il écrivit à sa tante : « Ne m'attends pas ce soir, car la nuit sera noire et blanche. »

Après le dernier soupir, vient le temps du repos éternel. Superbe et pertinente est l'épitaphe de l'humoriste Francis Blanche sur sa tombe, au cimetière d'Èze-Village, sur la Côte d'Azur : « Laissez-moi dormir, j'étais fait pour ça. »

31

L'optimiste agit, le pessimiste commente

J'ai souvent été au paradis. Il est partout ici-bas. Sous une canopée où les oiseaux chantent à tue-tête leur joie matutinale. Devant le spectacle d'une jonquille qui s'élance vers le soleil du printemps. Face à la mer qui s'endort dans un silence de mort à la montée du soir.

Le paradis est un état d'esprit plutôt qu'un lieu bien défini. « Une extase matérielle », dira J.M.G. Le Clézio. Un sentiment d'harmonie avec les fleurs, les fourmis, les arbres, les grenouilles, la tiédeur du soir, le bruit de l'eau qui coule. L'humanité aura fait un grand pas vers le bonheur quand elle daignera enfin descendre de son promontoire pour faire sienne la superbe phrase de l'écrivain américano-yiddish Isaac Bashevis Singer qu'il faudrait graver sur les frontispices des édifices érigés à notre gloire et à notre vanité : « Rien ne prouve que l'homme est plus important qu'un papillon ou qu'une vache. »

Que l'on me permette d'ajouter le brin d'herbe, cette merveille de l'Univers que nous piétinons sans pitié. Si vous arrivez à cet état de modestie où vous ne vous sentirez supérieur à rien, pas même aux cailloux des sentiers, vous pourrez trouver le paradis n'importe où, sur tous les continents, au hasard d'une promenade, devant une cascade, au fond d'une vallée rieuse ou en contemplant le spectacle d'un lac alangui. Vous y demeurerez quelques minutes, un an ou deux. Parfois, toute la vie.

Je connais des personnes qui sont au paradis alors qu'elles survivent, Dieu sait comment, dans leur taudis, avec quelques allocations, ou dans la rue où elles se soleillent en mendiant, la main tendue, avec un petit enfant sur les genoux. Elles se reconnaissent à leur sourire ébahi, dégoulinant de niaiserie, qui ressemble au mien. Surtout quand je suis au Septième Ciel. Nous faisons la paire.

Pour accéder au paradis, il y a toutes sortes de chemins. J'ai un faible pour celui, tortu, de la Batterie Basse qui descend le long du cap Brun, à Toulon, jusqu'à la mer, au milieu des pins, des oiseaux, des restanques en pierres qui peinent à retenir la terre qui en a assez de se retenir et veut retourner à son destin en dévalant les pentes. Dans ce cadre-là, même quand tout va mal autour de soi, il y a de l'insanité à n'être pas optimiste.

Sans parler des différences de revenus, sidérales sont les injustices entre les humains et la première d'entre elles commence le matin quand l'un se lève du pied droit et l'autre du pied gauche. Que de temps perdu pour le second ! J'ai vécu avec une femme adorable qui n'émergeait vraiment qu'après le déjeuner. Comme elle dormait plus de neuf heures par nuit, il lui semblait qu'elle passait à côté de la vie, qu'elle ne jouissait en tout cas que de la moitié d'une. Je compatissais. « Dormir, dormir, lui disais-je, mais enfin, on a toute la mort pour ça ! »

L'avenir appartient à ceux qui se lèvent tôt, de préférence le matin. Ils ont la chance, en toutes circonstances, même après une cuite de l'autre monde, de toujours ressusciter au point du jour. Ce sont généralement des optimistes. Force est de constater qu'ils n'ont pas la cote. Quand ils ne sont pas la risée de l'intelligentsia, de beaucoup de philosophes…

Arthur Schopenhauer, le roi de la philosophie grinche, assure très sérieusement que l'optimisme est « une opinion réellement infâme, une odieuse moquerie en face des inexprimables douleurs de l'humanité ». Grinçant, un autre rouspéteur professionnel, Cioran, observe : « Dans mes accès d'optimisme, je me dis que ma vie a été un enfer, mon enfer, un enfer à mon goût. » Quant à Mark Twain, le plus grand écrivain américain du XIXe siècle, il ironise : « L'homme qui est pessimiste à quarante-cinq ans en sait trop, celui qui est optimiste après n'en sait pas assez. »

Comme souvent, Winston Churchill clôt le débat en une formule pleine de bon sens : « Un pessimiste voit la difficulté dans chaque opportunité, un optimiste voit l'opportunité dans chaque difficulté. » Sur le même sujet, il faut citer aussi la pensée d'un écrivain français du XXᵉ siècle, à peu près oublié aujourd'hui, André Maurois, grand amoureux et auteur de belles biographies : « Aimer les braves gens qui m'entourent, fuir les méchants, jouir du bien, supporter le mal, et me souvenir d'oublier, voilà mon optimisme. Il m'a aidé à vivre. Puisse-t-il vous aider aussi. »

Non seulement l'optimisme aide à vivre, mais en plus, il favorise la réussite. C'est vrai pour toutes les activités humaines. Depuis la nuit des temps, le propre de notre espèce est d'avoir présumé de ses forces. Sinon, elle n'aurait pas construit les pyramides et ne serait pas allée marcher sur la Lune. Rien ne condamne les pessimistes à le rester jusqu'à leur mort. Si vous n'êtes pas optimiste de nature, forcez-vous à le devenir.

Jadis, un pharmacien de Troyes, Émile Coué de la Châtaigneraie (1857-1926), obtint d'excellents résultats auprès de ses patients en leur disant, après avoir vendu ses remèdes : « Vous irez chaque jour de mieux en mieux. » Il avait inventé l'effet placebo, qu'on appela la méthode Coué. Hélas pour lui, il était tombé dans le mauvais pays, mère patrie du râlement. Il fut donc accusé d'exercice illégal de la médecine par le corps médical tandis que l'Église lui reprochait sa concurrence déloyale.

Non sans raison. Émile Coué avait pris l'habitude de distribuer à ses malades des cordons à vingt nœuds qui rappelaient les chapelets des croyants et il leur demandait de réciter vingt fois de suite et plusieurs fois par jour cette sorte de prière : « Tous les jours, à tous points de vue, je vais de mieux en mieux. »

Quand un cancer ou une sale maladie vous tombe dessus, pourquoi ne pas prendre le parti d'en rire ? Au siècle dernier, j'avais été très marqué par la lecture de *Comment je me suis soigné par le rire*, un livre de Norman Cousins, grand journaliste américain qui dirigeait *The Saturday Review*, magazine intello, bible de mes grands-parents américains.

Norman Cousins y racontait sa bataille et sa victoire contre la spondylarthrite ankylosante, une maladie incurable qui calcifie tout, les vertèbres, les articulations, jusqu'à ce que mort s'ensuive. Quand en 1964 les médecins lui annoncèrent qu'il était condamné, il décida de se prendre lui-même en charge et de quitter l'hôpital dont l'ambiance anxiogène lui pesait. Il s'installa dans une chambre d'hôtel et commanda un projecteur, ainsi qu'une série de films comiques qu'il visionna à la chaîne. Sous l'effet bienfaisant de l'endorphine fabriquée par ses rires, les douleurs retombaient et il parvenait à dormir quelques heures. Quand la souffrance revenait mordre sa chair, il s'asseyait à nouveau devant son écran et recommençait à s'esclaffer devant les Marx Brothers ou une caméra cachée. Et ainsi de suite. Sans oublier de se gaver de vitamine C.

Voilà comment, avec la complicité de son médecin personnel, Norman Cousins a vaincu sa spondylarthrite. Il n'a jamais prétendu avoir trouvé le remède miracle pour guérir les maladies incurables. Rien à voir avec un gourou commercialisant ses méthodes anticancer à grands tirages. Nuance. Devenu professeur adjoint à l'École de médecine de l'Université de Californie, il a travaillé sur la biochimie des passions avant de mourir, en 1990, d'une insuffisance cardiaque qu'il combattit avec les mêmes armes, retardant encore son décès programmé. Son exemple montre simplement la part que peuvent jouer dans la lutte pour la vie le rire, l'amour, la joie, la bienveillance, l'effet placebo.

Le pessimisme mène à tout, à condition d'en sortir. C'est une maladie dont on ne se débarrasse qu'en chantant, dansant, nageant, transpirant, marchant.

32

Marche ou crève !

« Connais-toi toi-même », disait Socrate, résumant une formule déjà attribuée à Héraclite et figurant sur le frontispice décorant la façade du temple de Delphes. Elle est souvent présentée comme l'un des actes de naissance de l'humanisme.

Pour avoir une belle vie, il importe d'avoir la conscience de soi. Mais est-il vraiment nécessaire de se connaître bien soi-même ? Le temps d'y parvenir et il faut déjà mourir. À quoi bon se faire du mal en touillant sans cesse nos mauvais souvenirs alors que le monde, partout, nous attend et que les heures nous sont comptées ?

Ceux qui cherchent à se connaître peuvent y passer leur existence sans jamais la vivre. L'injonction socratique flatte notre narcissisme mais conduit à une perte de temps, sentiment que je n'ai jamais éprouvé pendant mes interminables marches dans les villes, les campagnes. Quand tout va bien, je marche. Quand tout va mal, aussi. C'est un principe : chaque fois que ma vie est montée au zénith ou partie en sucette, mon premier réflexe fut de prendre mon chapeau, de sortir de chez moi et de marcher loin, très loin.

Vers qui ? Vers quoi ? Je n'en ai aucune idée. La plupart du temps, j'avance au hasard, sans autre but que de voir du pays, des rues, des forêts, des rivières. Souvent aussi, je vais au travail à pied, mais en prenant des détours, des chemins buissonniers. J'arrive régulièrement en retard à mes rendez-vous et n'ose jamais en dire la raison vraie : mon goût invétéré pour la flânerie.

À Marseille, je m'arrête dans un café, chez un libraire, un marchand de journaux, heureux qu'il y en ait encore, ou musarde sur un marché de paysans où j'achète deux ou trois tomates du Caucase d'un kilo chacune qui auront tôt fait d'éclater dans leur sac en plastique biodégradable et de laisser couler leur jus rosé comme celui d'une viande fraîche.

À la campagne, je m'assois sur un promontoire devant un paysage, me gonfle de vent, surtout quand il est tiède, et me mélange au ciel. Au bout de quelque temps, j'ai le sentiment de ne plus exister, de n'avoir rien à dire au monde, de n'être plus qu'une chose sans âme ni importance, une plume de duvet qui vagabonde dans l'air du matin. J'aime ces moments de grâce.

Contrairement à ce qu'écrit Blaise Pascal dans ses *Pensées*, il faut savoir quitter sa chambre où l'on peut finir, parfois, par se sentir à l'étroit et aller par les chemins se retrouver dans le

Grand Tout spinozien au milieu des fougères, du bitume, des garennes, des brumes, des libellules, des feux rouges, des bouches d'égout. C'est notre métier d'être humain.

Pourquoi s'asseoir pour écrire alors qu'on peut marcher pour vivre ? Dans *De la marche*, Henry David Thoreau met la barre très haut, comme si cette activité n'était rien de moins que la vocation des prophètes qui, un jour, sont appelés à prendre la route pour porter la bonne parole : « Si tu es prêt à quitter père et mère, frère et sœur, femme et enfants et amis pour ne plus jamais les revoir, si tu as payé tes dettes, fait ton testament, mis tes affaires en ordre, si tu es un homme libre, alors te voilà prêt à marcher. »

Au cours de ma vie, j'ai déambulé des heures à Marseille, Nice, Bordeaux, en Provence, Normandie, Auvergne, dans le Limousin, le Mercantour mais aussi en Italie, en Nouvelle-Angleterre, au Canada, au Maroc, en Inde, Russie, Algérie, Birmanie. J'ai pris d'interminables bains de forêt, comme on dit au Japon. Même si je me suis perdu plus souvent qu'à mon tour, je m'en fichais pourvu que je puisse marcher au petit bonheur de mes humeurs. Jamais, pendant ces longues promenades, ne m'est venue en tête l'idée saugrenue que j'aurais eu mieux à faire.

Un jour, alors que je commençais à ne plus parler, ne plus manger, ne plus dormir, les trois signes de la dépression, je m'en ouvris à un grand psy qui m'intima :

« Il faut marcher.

— C'est déjà ce que je fais.

— Eh bien, vous allez bientôt guérir. Rien ne résiste à la marche. »

Il avait raison. La marche apaise, cicatrise, tranquillise. Elle ouvre les yeux, lave l'esprit, chasse les idées noires, vous remet à votre place dans l'Univers.

Semblables furent les conseils des oncologues que je fréquentais chaque fois que le crabe me rendait visite :

« L'effort déstabilise le cancer. Contre lui, il n'y a rien de mieux qu'une longue marche. »

Il ne faut pas s'étonner si *L'Homme qui marche*, la sculpture d'Alberto Giacometti, a été l'une des œuvres d'art du xxe siècle les plus chères jamais vendues aux enchères. C'est un résumé génial de la condition humaine : si nous voulons avancer dans la vie, il faut se lever et mettre un pied devant l'autre.

Je me souviens de mon désarroi quand mon ami Julien Green, somptueux écrivain et personnage puissant à la voix fluette, m'annonça qu'il avait l'intention de mourir dans les prochains jours. C'était l'été 1998 et les cheveux des grands arbres du jardin de Matignon sur lequel donnait la fenêtre de sa cuisine frémissaient de désir comme ceux des amants dans la touffeur du soir.

« Vous avez vu comme la nature est belle, protestai-je. Vous n'avez pas le droit de faire ça.

Vous avez toute votre tête et vous continuez à écrire. Que demander de plus ?

— Comme je tombe tout le temps à cause de mes vertiges, mon médecin veut me mettre sur un fauteuil roulant.

— Ne l'écoutez pas.

— Il dit que sans fauteuil, je finirai gaga, cassé de partout, un poids pour tout le monde.

— Je suis sûr que la vie reste belle en fauteuil roulant.

— Il n'en est pas question. Je veux continuer à marcher. C'est le dernier plaisir physique qui me reste. Tout le reste n'est que douleur et nostalgie. »

Le lendemain, Julien Green se coucha. Tombé dans le coma peu après, il mourut quelques semaines plus tard, à l'ancienne. Sa foi l'empêchait de craindre la mort qu'il regardait en face. Il avait quitté la vie avant qu'elle le quitte.

Pour ma part, je compte bien marcher, tant qu'on ne m'aura pas encloué dans mon cercueil. Je plane quand je marche sur les crêtes du Luberon, au-dessus de mon village de Mérindol, en sentant, certains jours, le souffle des anges sur ma nuque. Je plane encore quand je marche dans la montagne au ras du ciel, sous les coups de pioche du soleil, et que m'envahit l'ivresse de ma jeunesse revenue. Je plane quand, pendant une balade en forêt, je sens les mousses caresser mes semelles et tenter de les retenir. Comment ne pas croire en « Dieu, c'est-à-dire la nature » devant de telles évidences ?

Marcher est la meilleure façon d'arriver à soi-même. On a beaucoup cherché, on n'a encore jamais trouvé de chemins plus courts.

33

Merci est ma prière

Je crois en Dieu malgré le souverain pontife au sourire mou, satisfait, franciscain comme je suis pape, la panse farcie de bœuf en rôti, en salade ou mijoté au vin rouge, ses plats préférés.

Je crois en Dieu malgré les clercs, les cagots, les peine-à-jouir, qui célèbrent la douleur, la contrition, la punition. Je crois en Dieu en toute occasion, quand un sentiment de bonheur m'envahit mais aussi quand je sens les crocs du malheur s'enfoncer dans ma chair. Je crois en Dieu devant l'agonie des miens, les martyres des justes, toutes les injustices du monde.

Je crois en Dieu parce que je ne peux pas faire autrement. Il est toujours là, auprès de moi, partout ailleurs. Je l'aime, il m'aime et nous n'avons pas d'opinion l'un sur l'autre. Il ne me protège pas et ne me juge pas. Il m'accompagne. Nous ne nous parlons jamais. Quand je vais brûler un cierge dans une église, plus souvent qu'à mon tour, je me contente de baisser la tête en disant : « Merci. »

Quelques années avant de mourir, mon ami l'écrivain Michel Tournier m'avait montré la modeste tombe qu'il avait conçue et qui attendait son cadavre dans le cimetière qui jouxtait l'ancien presbytère de Choisel, sa maison, au cœur de la vallée de Chevreuse, près de Paris. Il était très fier de l'épitaphe qu'il allait faire graver dessus :

« Je t'ai adorée, tu me l'as rendu au centuple, merci la vie. »

Nous vivons dans un monde où l'on ne dit plus merci à personne, fors ses parents morts, du haut d'une tribune, après avoir reçu une médaille ou un prix quelconque. Jusqu'à mon dernier souffle de vie, je dirai merci à Dieu, c'est-à-dire la nature. Merci d'avoir consenti à me compter en ton sein avec les papillons, les grenouilles, les enfants, les pommiers, les rivières, les montagnes, les sourires, les garrigues, aussi longtemps que tu le souhaiteras.

On ne fait que passer ici-bas. Pathétiques sont les vieillards qui pestent ou hurlent leur indignation contre le sort qui nous attend tous, nous autres mortels, grands ou petits. J'ai cessé d'aimer Philip Roth, écrivain majeur, quand il a perdu son humour grinçant pour s'affliger à chaque livre de la mort qui s'approchait de lui à petits pas. Saperlotte ! Croyait-il qu'il serait épargné ? Pourquoi en faire toute une histoire ? La Terre continuera à tourner sans lui et, à un certain stade, vieillir est pire que mourir…

Trop orgueilleux pour m'incruster ici-bas, je

partirai tête baissée, sans faire de bruit, après avoir rangé mes affaires. Certes, je ne crie pas de joie à l'idée d'entrer dans mon cercueil : ce sera une épreuve, car j'ai perdu ma souplesse d'antan, minée par l'arthrose, le sport, l'alcool, la vie. Mais c'est avec un mélange de fatalisme et d'allégresse que je m'apprête à rejoindre bientôt l'Univers d'où je viens, à faire le voyage à l'envers. Sans oublier un sentiment de gratitude pour tout ce qu'on m'a donné.

Bien sûr, quand je serai mort, il me manquera l'amour, l'amour sans quoi la vie ne vaut pas la peine d'être vécue, l'amour comme l'air que nous respirons et le sang qui bat dans nos veines. Comme l'a dit Nietzsche, « nous aimons la vie, non parce que nous sommes habitués à vivre, mais parce que nous sommes habitués à aimer ».

Souvent, je pleure. Non, pas de chagrin, mais d'amour. Ça peut m'arriver n'importe où, n'importe quand. En écoutant de la musique, en marchant dans le vent ou en regardant un paysage, un visage, une herbe qui danse, une vague mourir sur le sable. Je sens un souffle et je fonds en larmes. C'est le signe. Longtemps, j'ai cru qu'il m'annonçait que j'étais en communion avec les éléments. En fait, c'est Dieu qui m'emmène en lui. Dieu, c'est-à-dire la faune, la flore, l'amour, le cosmos.

*

Notre vieux monde vit sous la dictature de la déploration et de la mélancolie. L'heure est aux atrabilaires, aux marchands de haine, de fausse compassion. Tout va mal, même quand tout va mieux. Dans le cadre du grand concours victimaire qui bat son plein, chacun se considère comme un martyr du système et revendique le titre en exhibant ses stigmates.

C'est pourquoi il n'est pas de bon ton, aujourd'hui, d'admirer, de célébrer, de dire merci. La geignardise et le ressentiment sont de rigueur. Ils ont leur clergé, leurs inquisiteurs, leurs commissaires politiques qui nous interdisent de rire. Nous autres panthéistes de toutes obédiences, nous n'avons donc pas le choix. Même si nous avons marqué des points en ce début de siècle, nous devons nous mettre en retrait : l'époque n'est pas faite pour nous. Trop cynique, trop cupide, trop pressée.

Je vis mes dernières années au petit bonheur de mes rencontres avec Dieu. Au fil du temps, j'ai repéré les endroits favorables. L'été, j'aime me rendre à Toulon, au cap Brun, où je le retrouve souvent quand, depuis la Villa Paradis, je contemple la mer plate comme un flan au caramel brûlé. L'air sent une odeur de sucre et de vanille mélangés, celle des pins aux troncs tortus qui dégringolent en pleurant les falaises de terre noire.

Conditions requises pour la rencontre : un grand calme, à peine quelques ondulations à la surface sous les caresses d'un vent tiède, la sensation étrange que le temps s'est arrêté. Je fonds mon regard sur la grande croupe alanguie de la Méditerranée qui court à l'infini. J'adore les croupes. Il n'y a peut-être rien de plus beau au monde. Si j'étais un artiste, je passerais mon temps à peindre des Vénus exposant leur arrière-train.

À un moment donné, je m'allonge, ferme les yeux, ne pense plus à rien et un sentiment d'éternité monte en moi jusqu'à ce que le blanc arrive. C'est une lumière qui n'a pas d'heure. Elle peut surgir à tout instant, par exemple en pleine nuit quand tout le monde dort. Je ne sais pas d'où elle vient. Sans doute a-t-elle longtemps serpenté par des chemins secrets pour arriver jusque sous mes paupières, dans mes yeux qu'elle engloutit.

Je souris et je pleure. C'est toujours l'effet que me fait Dieu quand il vient. J'ai à peine le temps de m'habituer à lui qu'il est déjà reparti dans un bouillonnement d'étincelles. Il n'a rien laissé. Ma tête est aussi vide qu'à son arrivée.

Je peux aussi rencontrer Dieu quand, ivre de beauté, je nage dans la mer avec un masque pour regarder vivre les poissons de la rade de Toulon. Les troupeaux de saupes végétariens qui broutent leurs prairies d'algues vertes. Les girelles rougeoyantes ou arc-en-ciel qui sinuent entre les pierres à la recherche de petits mollusques. Parfois, une daurade royale en train de casser une coquille de moule à pleines dents pour se repaître de sa précieuse chair.

Au cap Brun, j'ai souvent nagé avec mon ami Michel Onfray. Auteur d'une monumentale *Contre-Histoire de la philosophie*, ce non-croyant n'a, selon ses dires, jamais rencontré Dieu ni au ciel ni au milieu des poissons. Mais entre croyants et non-croyants, les frontières sont poreuses. Chaque fois que je le vois sortir de la mer, il ne peut dissimuler l'espèce d'ivresse panthéiste qui l'habite. Je n'oublierai jamais le jour où je l'ai vu déambuler, plein de respect, dans l'église de Chambois, son village natal. Il avait la gravité de ceux qui ont le sens du sacré, de la foi. « Les problèmes commencent, dit-il à juste titre, quand on se demande pourquoi on croit, à quoi ressemble Dieu. »

Ne pas se poser de questions ni se faire un monde de tout. Se perdre dans les éléments. Laisser venir. Telle est la clé. Loin de moi l'idée d'embringuer Michel Onfray dans les rangs des culs bénis de mon espèce mais je sens chez lui une religiosité cosmique qui me rappelle à certains égards – il va m'agonir – celle de Thérèse d'Ávila, la papesse de la mystique. Un jour que je le poussais dans ses derniers retranchements, il refusa de reconnaître qu'il pouvait croire comme moi à la transcendance de l'immanence. N'ayant pas, pour ma part, la foi souffreteuse et doloriste, je pensais naïvement que nous pouvions partager la même. Mais il reste sur le pas de la porte, solide comme un roc, devisant avec ses amis Épicure, Plotin, Friedrich Nietzsche, Hannah Arendt,

Albert Camus. J'admire l'intransigeance de ce Gulliver aux prises avec les Lilliputiens contemporains qui lui mordillent les mollets qu'il secoue de temps en temps, pour qu'ils lui lâchent la grappe. Mais je me désole que, comme mes enfants, il n'ait pas la foi. La vie est alors tellement plus facile…

Après que je lui eus montré une première version de ce livre, Michel Onfray a observé : « Es-tu bien sûr que le nom de Dieu ait une place dans ton éloge du panthéisme ? Retire-le, il est de trop. Spinoza accolait ce nom à celui de nature pour ne pas avoir d'ennuis avec la police de la pensée de son époque. Toi, tu n'as pas besoin. Le mot de nature suffirait. »

Je ne pouvais lui donner raison mais ne savais trop quoi répondre. J'ai hésité un moment, puis :

« Mais sans le nom de Dieu, je ne sais pas ce que serait ma foi. Elle serait sèche, réaliste, à ras de terre. Il lui manquerait l'essentiel : le sacré, le spirituel, la communion. »

ÉPILOGUE

Il y a deux catégories d'humains : ceux qui vivent et ceux qui existent. Nos existences sont des chemins bordés de murs qui nous conduisent à la mort comme des couloirs d'amenée d'abattoir. Il faut les démolir si l'on veut vivre, autrement dit profiter du monde qui nous attend derrière.

Nous autres humains, nous ne vivons qu'à condition de quitter ce chemin tracé, quand nous nous sauvons au propre comme au figuré. Il y a longtemps, j'avais décidé de m'esbigner une journée dans le massif de la Sainte-Baume, une réserve verte au cœur de la Provence, appelée jadis « Notre Mère des eaux » à cause de sainte Marie Madeleine. La légende dit qu'elle y avait versé tant de larmes depuis son promontoire qu'elles donnèrent naissance à une multitude de rivières : l'Huveaune, la Vède, le Peyruis, le Gapeau, le Gaudin et cetera.

C'était un moment où rien n'allait plus dans ma vie : un mauvais cancer doublé d'une rupture sentimentale. J'avais cinquante-cinq ans et, après mon deuxième divorce, venais d'entrer dans l'âge adulte, celui où l'on commence à vivre vraiment sans procrastiner ni tout remettre à plus tard parce qu'on a compris que la vie est un miracle et que nous ne finirons pas nécessairement la journée. Je m'étais trouvé une nouvelle devise, signée Confucius : « On a deux vies et la deuxième commence quand on se rend compte qu'on n'en a qu'une. »

La Sainte-Baume était idéale pour un cas comme le mien, avec sa profusion de pins, chênes, hêtres, avec sa vitalité à remettre les moribonds debout. Gorgée d'eau, elle arrose des enfilades de champs que pioche et saigne un soleil chauffé à blanc. Elle donne la vie à tout, même, paraît-il, aux cailloux. C'est sur ses flancs, dans une grotte humide, qu'habita pendant trente ans Marie Madeleine, l'amie de Jésus, qui l'accompagna jusqu'à la fin. Présente lors de la résurrection du Christ dont elle annonça la nouvelle, elle a été qualifiée d'« apôtre des apôtres » par Hippolyte de Rome, grand exégète, seul saint antipapiste, pourtant vénéré par l'Église. J'étais déjà venu plusieurs fois ici et je savais que le pèlerinage valait le détour.

Longtemps considérée par la chrétienté comme une ancienne pécheresse, voire une prostituée repentie, Marie Madeleine a été élevée au XXe siècle, par le pape Paul VI, au rang de « disciple » du Christ. Une tradition prétend qu'elle fut l'amoureuse, sinon l'épouse de Jésus qui, avant de mourir dans la fleur de l'âge, à trente-trois ans, n'était sans doute pas de bois. Une autre tradition assure qu'après les premières persécutions contre les chrétiens, Marie Madeleine aurait embarqué avec sa sœur Marthe, son frère Lazare et plusieurs personnes sur un bateau qui aurait accosté en Camargue, dans un lieu appelé, depuis, les Saintes-Maries-de-la-Mer. Après avoir évangélisé la Provence, elle aurait remonté depuis Marseille le cours de l'Huveaune jusqu'au massif de la Sainte-Baume où elle vécut dans sa grotte, en ermite et pénitente, avant de descendre mourir dans la plaine.

C'était un jour d'été tragique où le soleil torturait la terre : elle tremblait déjà sous les coups de fouet du matin. Je montais en direction de la grotte quand, avant le col du Saint-Pilon, là où se dresse l'oratoire Sainte Marie Magdeleine dans le jardin du Saint-Sépulcre, petite chapelle destinée à la prière, je me suis arrêté au milieu du chemin, titubant, rempli d'une lumière blanche qui me remontait à la bouche et me mastiquait vivant. C'était encore Dieu. Ébloui de l'intérieur, j'ai quitté le chemin pour m'asseoir un peu plus loin, le temps qu'il reparte. Après quoi, je suis redescendu, les larmes aux yeux, ivre de joie fraîche.

Alors que j'étais en train de terminer ce livre, j'ai décidé de reprendre le chemin de la grotte de Marie Madeleine. C'était encore une journée caniculaire et il était déjà midi, l'heure du crime : la forêt bouillait, la terre cuisait, le vent s'était enfui. Le soleil mordait jusqu'à la sève les arbres qui n'étaient que plaies ouvertes.

À nouveau, devant le même oratoire, Dieu s'est invité en moi. Soudain, ce fut comme un grand baiser de lumière qui m'enveloppait, m'emportait. J'eus la chair de poule et j'ai pleuré de bonheur en continuant à marcher comme un pochtron sur le point de chavirer. Cette fois, il y avait des voiles noirs et jaunes dans le blanc crayeux qui me submergeait. Même si j'ai pensé que la mort se rappelait à moi, je suis sûr que j'ai gardé mon sourire con : alors que l'âge venait, elle ne me gâcherait jamais la vie que j'ai passée à mourir de joie en attendant de murmurer, à l'instant fatal, ce vers d'Aragon qui résume notre destin ici-bas : « Ce serait vivre pour bien peu s'il fallait pour soi que l'on vive… »

Avant mon dernier soupir, j'essaierai quand même d'emporter un souvenir, un goût, un dernier plaisir dans la tombe comme Johannes Brahms qui eut droit, à la fin de son agonie, au verre de vin du Rhin qu'il réclamait. « Ach ! Das ist gut ! » furent ses dernières paroles. Le moment venu, je crois que je les lui emprunterai.

DU MÊME AUTEUR

Aux Éditions Gallimard

LE VIEIL HOMME ET LA MORT, 1996 (Folio, n° 2972).

MORT D'UN BERGER, 2002 (Folio, n° 3978).

L'ABATTEUR, 2003 (« La Noire » ; Folio Policier n° 410).

L'AMÉRICAIN, 2004 (Folio n° 4343).

LE HUITIÈME PROPHÈTE ou Les aventures extraordinaires d'Amros le Celte, 2008 (Folio n° 4985).

UN TRÈS GRAND AMOUR, 2010 (Folio n° 5221).

DIEU, MA MÈRE ET MOI, 2012 (Folio n° 5624).

LA CUISINIÈRE D'HIMMLER, 2013 (Folio n° 5854). Prix Épicure.

L'ARRACHEUSE DE DENTS, 2016. Prix des écrivains du Sud, prix Récamier du roman et prix Charette (Folio n° 6434).

BELLE D'AMOUR, 2017. Prix européen du roman médiéval, Terres des Templiers (Folio n° 6660).

LA DERNIÈRE FOIS QUE J'AI RENCONTRÉ DIEU, 2018 (Folio n° 6756).

LE SCHMOCK, 2019.

Aux Éditions Grasset

L'AFFREUX, 1992. Grand Prix du roman de l'Académie française (Folio n° 4753).

LA SOUILLE, 1995. Prix Interallié (Folio n° 4682).

LE SIEUR DIEU, 1998 (Folio n° 4527).

Aux Éditions du Seuil

MONSIEUR ADRIEN, 1982.

JACQUES CHIRAC, 1987.

LE PRÉSIDENT, 1990.

LA FIN D'UNE ÉPOQUE, 1993 (Fayard-Seuil).

FRANÇOIS MITTERRAND, UNE VIE, 1996.

FRANÇOIS MITTERRAND OU LA TENTATION DE L'HISTOIRE, 1997.

Aux Éditions Flammarion

LA TRAGÉDIE DU PRÉSIDENT, 2006.

L'IMMORTEL, 22 balles pour un seul homme, 2007. Grand Prix littéraire de Provence.

LE LESSIVEUR, 2009.

M. LE PRÉSIDENT, 2011.

L'AMOUR EST ÉTERNEL TANT QU'IL DURE, 2014.

CHIRAC, UNE VIE, 2016.

Aux Éditions Fayard

L'ANIMAL EST UNE PERSONNE, 2016.

Aux Éditions Autrement

MANIFESTE POUR LES ANIMAUX (avec des contributions de Boris Cyrulnik, Élisabeth de Fontenay, Michel Onfray, etc.), 2014.

Aux Éditions du Cherche-Midi

LE DICTIONNAIRE D'ANTI-CITATIONS, 2013.

Aux Éditions J'ai Lu

LE JOUR DE GLOIRE EST ARRIVÉ, avec Éric Jourdan, 2007.

Aux Éditions Albin Michel

LE THÉÂTRE DES INCAPABLES, 2017.

Composition : IGS-CP à L'Isle-d'Espagnac (16)
Impression Maury Imprimeur
45330 Malesherbes
le 29 mai 2020
Dépôt légal : mai 2020
Numéro d'imprimeur : 245861

ISBN 978-2-07-287405-5 / Imprimé en France.